H22
5

UNE TRÈS LÉGÈRE
OSCILLATION

Sylvain Tesson

UNE TRÈS LÉGÈRE OSCILLATION

Journal 2014-2017

ÉQUATEURS

Les textes de ce recueil ont été publiés dans *Le Point* (où Sylvain Tesson tient chaque mois son bloc-notes), *Philosophie Magazine* et *Grands Reportages*. Ils ont été remaniés pour la présente édition de ce Journal.

L'auteur remercie Sébastien Le Fol, Christophe Ono-dit-Biot, Alexandre Lacroix, Pierre Bigorgne et Anthony Nicolazzi qui lui ont ouvert les pages de leurs journaux.

editionsdesequateurs@wanadoo.fr
www.equateurs.fr

« Ma fièvre, mon avidité étaient si fortes qu'elles faisaient obstacle à ma joie. Il devait en être ainsi pendant tout le parcours. Je ne savais pas encore à cet âge construire l'équilibre entre le mouvement et l'arrêt. Trop de chaleur, trop de désirs, que je ne pouvais même pas nommer me poussaient en avant et les plus beaux présents de l'heure me paraissaient déjà épuisés au moment même que je les touchais. »

Joseph Kessel, *Dames de Californie*.

À L.D.

Un journal intime est une entreprise de lutte contre le désordre. Sans lui, comment contenir les hoquets de l'existence ? Toute vie est une convulsion : on passe une semaine au soleil, une autre dans l'ombre, un mois dans le calme plat, un autre dans la vague, et ainsi fusent les années avec l'illusion, à la fin, que tout fut chapeauté par un principe unique, un motif général, un « cadre de direction », diraient les petits patrons. Quelle foutaise ! En réalité, personne ne tient sérieusement son cap. Et ceux qui le prétendent ne se sont jamais retournés sur leur sillage. Ils découvriraient une sinusoïde, un tracé d'ivrogne dans le couloir de l'immeuble.

J'ai toujours souffert des tiraillements exercés par mes penchants contraires. Ah ! la navigation d'un bord à l'autre est épuisante. Parfois, je voulais vivre dans la paix éternelle, allongé sur des rochers chauds comme Henry Miller à Spetsaï, pour oublier toute ambition et faire griller mes vanités sous le soleil antique. Et puis soudain, il me fallait retourner tambour battant dans l'épilepsie sociale, renouer avec l'action et les fréquentations. Un jour dans une cabane, le lendemain en ville. Un jour dans la forêt à se lécher les pattes, le lendemain à gloser sur le monde avec les camarades enthousiastes. Un jour au mont Athos, la nuit chez la

Goulue. Un jour sur la Falaise aux Vautours, le lendemain dans la fourmilière urbaine à sourire à des masques qui renvoient mes grimaces.

Tout cela ne fait pas une vie, mais un effroyable battement, une trémulation de cauchemar. Le battant des années balaie le vide d'un parapet à l'autre. Entre les deux ? Un gouffre.

Le journal est la bouée de sauvetage dans l'océan de ces errements. On le retrouve au soir venu. On s'y tient. On s'y plonge pour oublier les trépidations, on y confie une pensée, le souvenir d'une rencontre, l'émotion procurée par un beau paysage ou, mieux, par un visage, ce paysage de l'âme. On y note une phrase, une colère, un enthousiasme, l'éblouissement d'une lecture. Chaque soir, on y revient. On lui voue sa fidélité. La seule qui vaille. La seule qui tienne. Le journal est une patrie.

Grâce à lui, le sismographe intérieur se calme. Les affolements du métronome vital qui explorait le spectre à grands coups paniqués se réduisent alors à une très légère oscillation.

JANVIER 2014

Enfin une année qui commence bien. Julien Hervier publie une biographie d'Ernst Jünger, *Dans les tempêtes du siècle* (Fayard). Le matin de la publication, je sors de la librairie en pressant le volume contre mon cœur. Défile la vie du mage allemand. On connaît l'écolier dissipé, le fugueur aventureux, le guerrier qui lisait l'Arioste sous l'orage d'acier, le théoricien de la figure du *Travailleur*, le rebelle anti-bourgeois, l'opposant au national-socialisme, le capitaine des années parisiennes. Après la guerre, on découvre un contemplateur qui sème son énergie intellectuelle aux vents de la vie. L'ancien officier se fait voyageur, goûte au LSD, consigne ses rêves et pousse l'exercice d'écriture aux frontières de l'hermétisme. Est-ce parce que les insectes marchent au pas qu'il leur trouve tant d'intérêt ? Le chatoiement des scarabées le console de l'érosion du « Divers » sur la planète. Dans sa préface à l'édition complète des œuvres de Maupassant en russe, Tolstoï donnait une définition du talent qui cerne Jünger en deux lignes et devrait pétrifier tout écrivain : « Le talent est la faculté de concentrer son attention sur tel ou tel objet et d'y voir quelque chose de nouveau, quelque chose que les autres ne voient pas. »

MARDI

Un jour en Corse, près de Figari. Sur la plage, nos hôtes ont organisé un *spuntinu*, comme on dit ici quand on prend du bon temps en même temps que le maquis. Autour du feu de bois, figatelle et vin de Sartène. Le ciel est une flanelle mitée de trouées solaires. La mer est en peau de taupe. Des blocs de granit rose encadrent la forêt d'arbousiers. Le genre de paysage que n'aiment pas les peintres : le travail est déjà fait. Une tour génoise veille, elle nous survivra. Soudain les invités lèvent la main dans un même mouvement. Ils prennent des photos, brandissent l'appareil à bout de bras. Ce geste, c'est le symbole de notre temps, la liturgie moderne. La société du spectacle a fait de nous des cameramen permanents. Quelle étrange chose, cette avidité de *clichés* chez des gens qui se pensent originaux. Quelle indigestion, cette boulimie d'images. Plus tard, ils regarderont les photos et regretteront que le moment consacré à les prendre leur a volé le temps où ils auraient pu s'incorporer au spectacle, en jouir de tous leurs sens et, le regard en haleine, célébrer l'union de l'œil avec le réel.

MERCREDI

Une soirée avec Dorota, Polonaise de Mazurie. En 1930, sa grand-mère arrive en France et voit une boucherie : « Toute cette viande et personne pour acheter... » On finit notre Pan Tadeusz (la vodka, pas le poème de Mickiewicz). Ensuite, je ne me souviens plus très bien. Ah ! les filles de Mazurie… La Pologne n'a pas de frontières. Les Polonaises, pas de limites.

JEUDI

Dans *Crime et Châtiment*, ce portrait de Raskolnikov par Dostoïevski : « Il était incapable de réfléchir longuement, de concentrer sa pensée sur un objet quelconque, de résoudre une question en connaissance de cause ; il n'avait que des sensations. La vie s'était substituée chez lui au raisonnement. » On dirait le portrait d'un auteur de bloc-notes.

VENDREDI

L'excellent professeur Alain Braconnier publie une somme sur l'optimisme, *Optimiste* (Odile Jacob). Je me méfie des optimistes. Ils ne lisent pas les journaux du matin ou quoi, ces apôtres de l'espérance ? Je rencontre le docteur et lui déroule la blague soviétique qui faisait se gondoler les moujiks sous Brejnev : « Un pessimiste dit : "C'est affreux, ça ne peut pas être pire." L'optimiste lui répond : "Mais si." » Et d'Ambrose Bierce, cette définition dans le *Dictionnaire du diable* : « L'optimisme est la doctrine de ceux qui s'obstinent à voir le noir en blanc. » Le professeur est inébranlable. J'ai même l'impression qu'il ne perd pas l'idée de me convertir un jour à sa doctrine, maladie infantile de l'espoir. À l'optimisme, je préfère la théorie anglaise de l'*escapisme* : l'agitation, la fuite, l'esquive. Une lâcheté, l'escapisme ? Peut-être, mais je m'en moque. Fuyons puisque demain sera pire qu'aujourd'hui.

Idées de formules pour parler du pape après une rencontre officielle : « rayonnant de tendresse évangélique, éclairé par le soleil de l'altruisme, ruisselant d'une bonté d'outre-monde », ou bien, si l'on est écœuré : « Engoncé dans le dogme malgré une allure faussement pateline, dégoulinant d'un sirop d'humanisme gâteux. » François Hollande a préféré dire : « Je trouve ce pape utile. » N'étant pas farouchement capitaliste, l'utilité n'est jamais la première chose qui me vient à l'esprit quand je considère les hommes.

CONFUSION

Pourquoi les chercheurs américains qui ont échafaudé la théorie du genre ne se penchent-ils pas sur la théorie du nombre ? Car, si je peux décider moi-même de mon sexe, pourquoi ne pourrais-je pas déterminer le nombre de personnages qui m'habitent ? Suis-je ? Et si oui, combien ? Suis-je plusieurs ? Ne fais-je qu'un avec moi-même ? Qui parle quand je dis « je » ? Suis-je coupé en deux, en trois, en quatre ?

Je menais l'autre jour ce débat avec moi-même et j'entendais des voix contradictoires qui disaient :

– Je suis seul, monsieur !

– Non, nous sommes nombreuses !

IN VINO VERITAS

Il est plus intéressant de boire un verre avec les paumés, les errants, les hommes dans le doute. Les gens qui ont raté leur vie, en général, réussissent leurs soirées.

J'ai beaucoup de respect pour Léo Lagrange, mort au combat en 1940, sous-secrétaire d'État de Léon Blum à la Jeunesse et aux Sports. Sa belle gueule de boxeur, sa carrure de débardeur. Je l'admire mais il me désespère avec ses discours de mormon. L'homme défendait une vision saine, utile, morale, du sport. Les stades étaient censés arracher le jeune, l'ouvrier et le chômeur aux poisons du tripot. Le Front populaire glorifiait le corps du peuple et ne pouvait jamais s'empêcher de seriner son prêchi-prêcha. Je parle souvent de Léo à notre petite escouade lorsque, dans une caverne, après une journée d'escalade sur les parois, nous faisons cuire d'énormes pièces de lard sur des feux préhistoriques, avalons des litres de vin rouge transportés à grand-peine dans les sacs, regardons danser les ombres de nos amies, grillons des havanes terribles et, avant de nous écrouler dans les cendres, portons toast sur toast à « l'alpinisme gonzo ».

« LIBÉRATION »

Les actionnaires de *Libération* veulent faire du journal « un incubateur de start-up, le Flore du XXIe siècle ». Les salariés sont obligés d'expliquer à leurs financiers qu'un journal est une publication de papier destinée à délivrer des informations. Pour sauver *Libé*, il faudrait d'urgence détourner l'attention de ces messieurs en leur proposant d'autres idées : on pourrait faire de Gallimard une « plate-forme multimédia », de l'Opéra un « centre de développement cognitif », du Louvre un « pôle de créativité ».

FÉVRIER 2014

LA MORT DU LIVRE

Dans la chaîne des Aravis, la pointe Percée domine un refuge où les skieurs descendent leur litron de rouge près d'un poêle. Nous arrivons dans la tempête. Au refuge, huit polytechniciens installés autour de la table. Ils sont rapides, nerveux, ont le corps affûté et l'esprit inquiet. L'un d'eux recolle les peaux de phoque de ses skis, un autre se lève pour couper du bois (en France, les travaux manuels sont effectués par des gens sur-qualifiés). Nous sortons nos livres ; les soirées sont longues à 2 500 mètres : les aventures de Whymper, le dernier Sébastien Lapaque, et *Portrait de l'aventurier* de Roger Stéphane. Soudain, l'un des polytechniciens, futur commis de l'État (futur président de la République, peut-être) : « Mais qu'est-ce que vous allez faire avec tous ces livres ? »

LES JEUX ET LES DIEUX

Je m'étais persuadé que les Français allaient respecter la trêve olympique, marquer une légère pause dans leur entreprise de déversement de critiques sur le dos de l'ours russe, célébrer un pays relevé de soixante-dix ans de communisme et de vingt ans de dépeçage libéralo-eltsinien. Eh bien non, pas de répit. Pas une once de cette indulgence que l'Occident manifesta parfois à l'égard de Brejnev. « Sotchi, l'endroit le plus dangereux du monde », a dit un commentateur de télévision à qui on devrait financer un voyage de formation à Kaboul. Il aurait pu rappeler que Médée est née en Colchide, que Prométhée a été enchaîné dans le Caucase, que Jason a débarqué avec ses marins à quelques encablures des piémonts. Il était donc très délicat de la part du président Poutine de ranimer la flamme de l'esprit hellénistique là où elle souffla aux temps antiques.

LES FALAISES DE CALCAIRE

Nous sommes en bande, dans les calanques de Marseille. Nous marchons sur le bord des falaises. On se croirait dans les premières pages de *Noces* de Camus. Il y a la mer, allumée de soleil. Le vent harasse les pins. Des îles échouées au loin crèvent de solitude. Le parfum des lentisques, l'odeur de la lumière serrent la gorge. Pas étonnant que les stoïciens aient écrit des pages de diamant et d'acier : ils vivaient dans cette géographie de la limpidité, de la pureté karstique, sous des ciels qui intiment l'ordre de vivre sans espérer. Nous installons une corde de rappel et descendons au fond d'un boyau naturel. En bas, une lueur lèche les parois de la grotte. Une étroiture communique à la mer : un siphon, frangé d'algues et d'anémones. La lumière du jour entre par cette lucarne. Nous plongeons, passons dans la fente, crevons la surface, face au large, en pleine mer, comme jetés sur un parvis de soleil. J'ai l'impression de sortir d'une cathédrale où viendraient d'être célébrées les fiançailles de la mer, du soleil, des falaises et des gouffres.

LE QUÉBEC COMME CAS D'ÉCOLE

Les événements d'Ukraine ont à nouveau permis à la presse de l'Ouest de stipendier la vilenie de Poutine, « le satrape » qui a l'outrecuidance de défendre ses marches méridionales. Eh bien, rêvons un peu. Imaginons le Québec en feu. Sur la place de Montréal, les manifestants auraient érigé des barricades. Le gouvernement d'Ottawa réprimerait la dissidence. Les manifestants exigeraient une partition de la Belle Province, réclameraient le départ du président canadien et leur rattachement à l'Europe. Des émissaires russes attiseraient le feu, soutiendraient les insurgés. Le président Poutine lui-même se prononcerait en faveur des émeutiers. Il aurait financé préalablement des oléoducs en Mauricie, en Gaspésie, et œuvrerait, de Moscou, à une intégration des forces canadiennes à l'armée russe. Que dirait le président américain ? Il ne serait pas content du tout.

LA TRISTESSE DES MOOCS

Les MOOCs sont des « cours interactifs et gratuits » accessibles par internet. Les USA sont à la pointe de cette innovation. Les promoteurs de cette merveille usent de toutes les subtilités de la novlangue orwellienne pour vanter les mérites de cette nouveauté : « l'enseigné sera l'acteur majeur de sa formation » ; « aux apprenants de faire évoluer l'enseignement par eux-mêmes » (on a envie de répondre à ces mandarins interactifs qu'un « apprenant » vient peut-être recevoir un savoir et non le faire évoluer). Dans *Challenges*, Michel Serres vole à la rescousse des MOOCs. Lui, l'homme qui a lu tous les livres, vécu dans le tête-à-tête avec ses maîtres et ses disciples, lui qui sait combien la rencontre avec un professeur de chair peut bouleverser un destin, lui – par effet de mode ? peur de rater le train ? – s'enthousiasme de la perspective de ces millions d'étudiants qui suivront un cours de métaphysique sur leur MacBook (tout en faisant leurs courses en ligne pour le déjeuner). Michel Serres d'ajouter : « Avec les nouvelles technologies de l'information et de la communication, la possibilité d'accès au savoir devient infinie. » Mais ne connaît-on pas des sociétés où les gens crèvent de faim alors que les étals regorgent de boudin ?

BLAISE-MOI

Ah ! mon Dieu, quel découragement ! En pleine écriture d'un récit de voyage, je commets l'erreur d'ouvrir un recueil de Cendrars pour me changer les idées. Comment oser écrire une ligne après les tribulations de ce génie du mouvement ? Les *Feuilles de route* : Blaise Cendrars embarque sur le *Formose*, débarque à Santos, monte dans un train, « un Pullman pompéien », file vers São Paulo qu'il visite le mors aux dents avant de s'en retourner au pays, par voie de mer. Usant de la langue comme d'un accordéon tzigane, il décoche les fusées d'artifice de son inspiration, l'esprit aussi chauffé qu'un moteur de paquebot. Il devient un peintre fiévreux qui aurait trempé dans son sang une queue de perroquet amazonien pour éclabousser la mer. Là où de plaisants gentlemen, sapés comme Mac Orlan, décriraient les plaisirs d'une navigation dolente sur un paquebot d'acajou, Cendrars, fou de douleur à cause de sa « main coupée [qui le] fait souffrir percée qu'elle est par un dard continuel », se laisse posséder par sa danse de Saint-Guy mentale.

Il prend la mer, les oiseaux, les vagues, les étoiles, le soleil et les îles, il prend les dockers, les Juifs, les

« émigrants portugais », les Russes et les « Françaises prétentieuses », et il les précipite, corps et âme, dans le carnaval de ses vers. Cendrars invente une poésie ultra-sensorielle, qui laisse panteler le lecteur comme un danseur de ragtime par une torride après-midi de pétole.

J'ai reposé le recueil, je suis parti faire un jogging.

HOMO REPENTIS

Sachant que l'*Homo sapiens* s'est rendu coupable de l'extermination de son contemporain l'homme de Néandertal et considérant que nous autres, humains du XXIe siècle, descendons de l'auteur de ce forfait, n'est-il pas temps de nous réconcilier les uns avec les autres et de souscrire ensemble à cette occupation si prisée en nos temps de célébrations victimaires : une vaste entreprise de repentance collective où nous nous morfondrions d'avoir fondé notre humanité sur un massacre.

HOMO CATHODIS

Étant donné l'état d'abrutissement dans lequel la fréquentation de la télévision plonge l'humain, il est heureux que l'invention du petit écran soit advenue après des conquêtes telles que l'aiguille à coudre ou l'imprimerie, dont les découvertes respectives n'auraient pas été possibles si la télé leur avait préexisté !

SUCCESSION

Ayant appris qu'il y a eu cent milliards de naissances depuis l'apparition d'*Homo sapiens sapiens*, j'ai dit à ma petite sœur qui se réjouissait de la naissance de son deuxième enfant et nous enjoignait de partager son enthousiasme : « Hé ! oh, on ne va pas en faire tout un plat. »

AVRIL 2014 : L'UKRAINE EN LARMES

SILENCE, MESSIEURS !

Vol de Kiev à Donetsk. L'avantage de l'avion : dans le ciel, on n'entend plus les hommes. Pendant ces derniers mois, j'ai souffert des bavasseries électorales, des rodomontades de Valls le Viril, des huées des députés UMP confondant l'hémicycle et le rocher aux singes du zoo de Vincennes, des harangues de nos intellectuels sur les barricades de Kiev. « Messieurs, silence ! » comme on dit dans les *Contes* d'Hoffmann. Tous ces gens clamant leurs certitudes sont passablement vulgaires. La « pulsion parlante » de Barthes les pollue. Si les bêtes et les fleurs sont si nobles, c'est par la grâce de leur mutisme suppliant. Comme il paraît doux, le ballet silencieux des cumulus, après ces coulées logorrhéiques ! Dans l'avion, je tombe sur cette entrée du journal de Sloterdijk (*Les Lignes et les Jours*, Maren Sell) qui me conforte : « Des psychologues de l'université de Buffalo établissent qu'après des traumatismes le silence est souvent la meilleure thérapie [...] ceux qui se taisent ont plus rapidement digéré le 11 septembre et ont ensuite été moins malades que les victimes des traumatismes auxquels on avait proposé des thérapies par la parole. » On atterrit. Retour dans le monde du *logos* épuisant.

PAS DE JOIE

Mauvais temps sur le Donbass. On dirait que le ciel s'ennuie et déchiquette machinalement les nuages en morceaux.

PAS DE FIERTÉ

Descente dans la mine de charbon Youjnodonbasskaïa n° 3, à 60 kilomètres de Donetsk, en plein Donbass, région russophone de l'est de l'Ukraine. À la surface, un ciel couleur navet écrase la campagne hérissée de terrils : une géographie à se pendre. Un ascenseur nous convoie à 900 mètres de profondeur. Sacha nous guide une heure durant dans le dédale obscur vers une ligne de coke (c'est-à-dire un filon de charbon). On marche, plié en deux dans des galeries inclinées. Les hommes travaillent torse nu, dans la boue, la croix orthodoxe sur le poitrail, luisant des éclats de nos lampes. La pression écrase les tempes, l'eau suinte. L'air atteint des températures tropicales, la voûte émet des craquements affreux malgré les vérins de soutènement. La ventilation brasse un oxygène saturé de méthane, les haut-parleurs crachent des ordres en russe, la poussière attaque les yeux. On n'ose penser aux poumons de ces types qui fouilleront les filons pendant vingt ans. Ce matin, neuf mineurs d'un carreau voisin sont morts dans une explosion. À la surface, on chasse les visions avec un litre de vodka. Guénadi, ingénieur, s'échauffe. Le charbon lui dessine une ligne de khôl sous les cils, comme un prince yéménite : « L'une des premières décisions du nouveau gouvernement ukrainien fut d'abolir la langue russe ! Sommes-nous à ce point insignifiants pour eux ? Pourquoi vos diplomates et vos penseurs faisaient-ils des claquettes à Maïdan ? » Ne sachant quoi répondre, je vide mon verre avec l'envie de rentrer sous terre.

PAS DE LUMIÈRE

À nouveau une tournée au fond de la mine, à 900 mètres. Le matériel est vétuste, l'obscurité oppresse. J'avais déjà plongé dans un roman de Zola, mais jamais au sens propre. Il faut prendre place dans un wagonnet pour rejoindre la ligne d'extraction. Moi qui suis sensible au rayonnement mantique des pierres, j'entends l'écho des lamentations des poètes russes que les tsars d'abord, les socialistes ensuite, envoyèrent à la mine. Il faut imaginer l'aimable homme de lettres de Saint-Pétersbourg propulsé sans transition des salons de la Perspective Nevski à la galerie souterraine de la mine n° 3 du complexe de Youjnodonbasskaïa. Et puis j'entends l'écho du râle des petits chevaux, arrachés au soleil, arrachés aux prairies et plongés dans l'enfer.

PAS DE CHANCE

Dans le filon de charbon. La galerie mesure un mètre vingt de haut. On progresse cassé en deux. D'énormes vérins hydrauliques soutiennent la voûte de schiste. Ils n'empêchent pas le plafond de s'affaisser dans des craquements horribles. Pour la première fois de ma vie, je ressens ce qu'éprouve l'huître avant que la mâchoire ne la croque.

PAS DE SALUT

On sort de la mine. Dans l'ascenseur, je dis à Sacha, qui m'a guidé à travers cet Hadès charbonneux :

– Il paraît qu'en Afrique du Sud les mines de diamants font 3 kilomètres de profondeur.

– Oui, répond Sacha, l'homme doit beaucoup creuser pour satisfaire la femme.

PAS DE JOUISSANCE

La leçon des stoïciens : nous inciter à jouir de l'instant, ne rien attendre de demain, s'extasier des manifestations du vivant – une branche dans le vent, le reflet de la lune sur le creux poplité d'une Athénienne, la nacre du sillage d'un escargot sur le ventre d'une Anglaise rose, etc. C'est aussi la leçon de Montaigne, des sages chinois, des jouisseurs proustiens. C'est la chose la plus difficile au monde : reconnaître le bien-être dans ses expressions les plus humbles, le nommer, le saisir, le chérir. Savoir qu'on est en vie, que cela ne durera pas, parce que tout passe et tout s'écoule. Exactement l'opposé de ce que me confie un mineur du Donbass et qui pourrait constituer une parfaite explication de la « difficulté d'être » chez les Slaves : « Que sais-tu du soleil si tu n'as pas été à la mine ? »

L'HUILE SUR LE FEU

On a bien compris grâce aux intellectuels des démocraties européennes venus faire leur numéro sur les barricades de Maïdan où passait la ligne qui sépare les gentils (comprendre : les Ukrainiens nationalistes de l'Ouest aspirant à rejoindre le supermarché occidental) et les méchants (entendre : les russophones soutenus par le nouveau diable, le satrape eurasiate, M. Poutine). Pourtant, à peine arrivé en place, le pouvoir prend des mesures impopulaires, méprise la composante russophone de la nation, brime les populations de l'est du pays, parle d'abolir le statut officiel de la langue russe. Décidément, je n'aime pas la révolution. Elle n'est qu'un changement de propriétaire. On se révolte, on chasse les salauds, on fait le ménage, puis on s'installe sous les ors, on se vêt des habits du potentat, on se coule parfaitement dans un rôle qui justifiera, quelques années plus tard, une nouvelle entreprise d'assainissement. Tout le monde perd à la révolution. Sauf les agents excitants, les professionnels de la harangue, les agitateurs appointés qui courent de barricades en bivouacs, appelant au chaos pour se sentir en vie.

LA LANGUE COMME PATRIE

Croyant ardemment au patriotisme de la langue, cela ne me choque pas, moi, un drapeau russe flottant sur une terre russophone. Les pro-Russes occupent les bâtiments du gouvernorat ukrainien de Donetsk depuis dimanche 6 avril. Ils n'en reviennent pas : les caméras du monde sont braquées sur leurs barricades. La prophétie debordienne sur la société du spectacle s'est réalisée, il va falloir que les agités de l'ère cybernétique s'habituent à devenir des *phénomènes* médiatiques globaux. La banderole, accrochée au-dessus du fronton, annonce la « République de Donetsk ». Les types ont de belles têtes de coureurs de steppe. Du moins ceux qui ne portent pas de cagoule. Il y en a un en cotte de mailles avec un heaume de chevalier, accessoires pillés au théâtre de la ville : « Ce sont les costumes de la représentation de *Jeanne d'Arc* de l'an passé », se souvient une professeur d'Université. Les jeunes activistes tiennent leurs positions, cocktails Molotov prêts au lancer. Ils sont assez costauds, courtois et passablement énervés : on veut les empêcher de parler russe et l'Occident les tient pour des voyous. Par quelle étrangeté nos intellectuels, si perçants d'habitude sur les questions orientales, se sont-ils entichés, à Kiev, de ce ramassis de nationalistes ukrainiens aussi démocrates qu'une meute de loups de Podolie ? Le peuple de Donetsk, lui, vaque à ses occupations, dans cette indifférence qui tient lieu au Slave de réponse à la vie. À 100 mètres de là, le printemps pousse les filles sur l'avenue Pouchkine. On glande sous les kiosques en se fichant du cours des choses. C'est cela, être un moujik : boire un coup pendant que le monde bascule.

PAS D'EXPLICATIONS

Pour poser problème aux archéologues du futur, je me ferai inhumer revêtu d'une houppelande franque du IVe siècle, coiffé d'une tiare des papes d'Avignon, paré de torques scythes, d'un étui pénien papou, chaussé de santiags avec, dans un poing, un pilum romain, dans l'autre, un téléphone, et des petits silex paléolithiques plein les poches. Ils seront bien englués, les savants de l'an 3000 !

Je n'avais même pas besoin de peaufiner ce stratagème. Dans son journal *Les Lignes et les Jours*, Peter Sloterdijk, apprenant que 1,4 million d'Allemands se sont fait poser des hanches artificielles, imagine la perplexité des chercheurs dans deux mille ans : « Les uns défendront l'hypothèse de restes d'hommes modernes qui auraient voulu se développer pour devenir des surhommes. Les autres diront que ce sont des hominidés venus d'une *étoile des handicapés moteurs* pour coloniser la Terre. »

PAS DE PROGRÈS

Au Festival du film d'aventure de Val-d'Isère, Laurent Ballesta, biologiste marin et plongeur des grands fonds, diffuse des images de cœlacanthes, tournées à 120 mètres de profondeur sur les côtes d'Afrique du Sud. Ces poissons n'ont pas évolué depuis 350 millions d'années. Ils vaquent dans les obscurités, fossiles vivants, contemporains de cette époque où certains animaux marins allaient quitter les eaux primordiales et se lancer dans l'« aventure amphibie », la conquête de la terre ferme. Alors que ses cousins goûtaient aux joies de la vie de plein air, le cœlacanthe, lui, choisissait de ne pas quitter le bain ambiant. À la question de savoir pourquoi certains êtres s'engouffrent dans des impasses évolutives, Ballesta répond : « Il semblerait qu'ils développent un gène anti-mutation. » Je pense immédiatement à certains sénateurs de la Ve République, à Kim Jong-un, à ces politiciens arc-boutés sur les « acquis », aux nostalgiques du bon vieux temps. La vie sur Terre est décidément une fable absurde. Songeons à ces efforts déployés par de petits organismes pour devenir des poissons qui, eux-mêmes, gagneront l'air libre ; songeons ensuite à ce chemin qui mène du batracien à l'homme en passant par l'anthropopithèque. À peine dressé sur ses jambes, *Homo sapiens sapiens* (dont Ballesta représente un spécimen superbe) n'a de cesse de mettre un masque et des palmes et de plonger à la rencontre d'un poisson qui, lui, précisément, a choisi de se prémunir de la vie aérobie, des larmes, du bruit et de la fureur. C'est peut-être de là que vient l'émotion de Ballesta devant le cœlacanthe : l'admiration du type fourvoyé dans l'effroyable expérience humaine pour un être qui a choisi la bonne voie (de garage).

PAS D'ISSUE

Afin que les rédacteurs en chef des journaux occidentaux puissent honorer les ponts du mois de mai, les équipes de communication de l'Otan devraient préparer un florilège de titres préventifs. Pour le cas où Poutine décide de ne pas agir en Ukraine : *Le pourrissement*. Pour le cas où il agit : *L'agression*. Pour le cas où il appelle au calme : *Le jeu du sous-marin*. Pour le cas où il masse les chars à la frontière : *Poutine bat les masques*. Pour le cas où il les retire : *Poutine manigance*. Pour le cas où il intervient à la télévision : *La provocation*. Pour le cas où il n'intervient pas : *La provocation*. Pour le cas où il demande à rencontrer le président américain : *Les arrière-pensées*. Pour le cas où il ne le souhaite pas : *Le mépris*.

PAS D'ESPOIR

À Paris, rive gauche, sous le commandement des tours de Notre-Dame, une église blonde se tient dans un jardin. C'est un vaisseau de pierre encalminé en plein verger depuis le XIIe siècle. Son nom dit sa modestie : Saint-Julien-le-Pauvre. Dante et Pétrarque en étaient les fidèles et Haussmann, comme d'habitude, voulait la raser, nous apprend Gabriel Matzneff dans son livre de voyage, *Boulevard Saint-Germain* (La Petite Vermillon). Aujourd'hui, l'église est la paroisse de la communauté des gréco-melkites de confession catholique et de rite byzantin. Pendant la messe, les langues arabe, grecque, française, se mêlent, se répondent, fécondées par l'encens, réverbérées par les nervures calcaires. L'iconostase scintille au tremblement des cierges. Nous sommes entre les mondes, aux sources en même temps qu'aux rives de l'Occident, au carrefour de l'Orient, à la ligne de cassure des vieux schismes qui présidèrent à la séparation des Églises d'Orient et d'Occident, et à la distribution des fidèles vers Byzance ou vers Rome. Le curé de Saint-Julien-le-Pauvre, Mgr Charbel Maalouf, nous évoque en privé la tragédie des chrétiens d'Orient. D'Égypte en Irak, de Syrie au Liban, ils vivent le martyre : « Ils connaissent un nouvel Exode. » À la souffrance de ces hommes s'ajoute l'assourdissante indifférence de nos édiles, de nos évêques, lesquels, à force de crier à la *discrimination* pour tous, ne parviennent même plus à discerner ceux de leurs frères qui la subissent le plus cruellement.

LA FIN DU PRINTEMPS 2014

LES PLAGES

Quand j'étais à la faculté de géographie, nous étudiions une discipline qui s'appelait la « socio-topographie ». Je crois qu'on emploie aujourd'hui le terme de « géographie sociale ». Il s'agissait d'étudier la répartition des classes dans les quartiers des villes et même dans les différents étages d'un immeuble. Depuis, je suis très attentif à cette grille d'observation. On peut faire de la socio-topographie en musardant, le nez au vent. Ainsi, au cours de deux séjours sur des plages respectivement landaises et bretonnes, ai-je pu entendre des parents gourmander leurs enfants :

À Biscarrosse : « Kévin, tes tongs ! »

À Perros-Guirec : « Marie-Bérénice, le serre-tête ! »

LE PRINCE

Après la défaite du parti majoritaire aux élections européennes, le président s'est isolé dans son bureau de l'Élysée pour entreprendre le redécoupage régional de la France. Il a ajouté ainsi une illustration à la fresque archétypale de ces souverains désavoués qui, au sommet de la tour, réparent des horloges, consultent leur collection de vases chinois, nourrissent les bébés crocodiles ou entreprennent de redessiner la carte.

L'EUROPE

C'est une petite péninsule à l'ouest de l'Eurasie. Son climat lui a conféré une richesse agreste unique. C'est un jardin minutieusement cultivé, un potager agencé depuis des millénaires, une mosaïque de paysages, de terroirs. Irriguée par des sources spirituelles grecques, romaines, celtiques, chrétiennes, juives, elle a vu naître des systèmes de pensée somptueux, la plupart des philosophies politiques et la majorité des découvertes scientifiques. Elle a nourri des savants qui, pour la première fois dans l'histoire de l'humanité, s'intéressaient à ce qui n'était pas eux-mêmes et désiraient comprendre, connaître, étudier *l'Autre*. La démocratie y a été inventée, expérimentée. Aujourd'hui, on y vit libre. Les plus démunis peuvent espérer une prise en charge gouvernementale. Des millions de déshérités essaient d'en gagner les rivages. Elle a conquis le monde et régné sur les peuples. Son modèle a été partout exporté, partout imité. Il sert encore de référence aux pays qui vivent la transition démocratique. Cette péninsule s'appelle l'Europe. Il paraît que les Européens d'aujourd'hui en rejettent l'héritage.

LE RESSAC

L'océan est un peu agaçant, à la fin. Chaque vague en fait des tonnes, pour rien.

LE MARIAGE

Le mariage est l'intervalle qui sépare une passion élémentaire d'une pension alimentaire.

MA MÈRE

Je veille le cadavre de ma mère foudroyée par une crise cardiaque. Aucune consolation dans les mots des uns et des autres. Aucune consolation dans les lettres amicales, ni dans l'évocation des souvenirs. Aucune dans les prières du magnifique rite oriental gréco-melkite prononcé en l'église Saint-Julien-le-Pauvre. Heureusement il y a un baume. Ce sont les dernières lignes du premier tome du *Je-ne-sais-quoi et le Presque-rien* de Vladimir Jankélévitch dont je lui parlais quelques heures avant sa mort : « C'est l'heure : Hora ! Tout à l'heure, il sera trop tard, car cette heure-là ne dure qu'un instant. Le vent se lève, c'est maintenant ou jamais. Ne perdez pas votre chance unique dans toute l'éternité, ne manquez pas votre unique matinée de printemps. » La seule leçon que nous donnent les morts, c'est de nous hâter de vivre. De vivre plus, de vivre avidement. De s'échiner à un surplus de vie. De tout rafler. De bénir tout instant. Et d'offrir ce surcroît de vie à eux, les disparus, qui flottent dans le néant, alors que la lumière du soir transperce les feuillages.

LE BASSIN

En Cessna, ce matin au-dessus de la dune du Pilat. Le bassin offre au para-club d'Arcachon l'un des sites de saut les plus grandioses du monde. L'avion prend de l'altitude en survolant la forêt, les plages, les bancs de sable, le cap Ferret. Les parachutistes n'ont aucun mérite. Vu de là-haut, le monde est si beau qu'on n'éprouve pas d'hésitation à passer par la portière.

LE CHAGRIN

S'il est vrai que nous sommes composés à 80 % d'eau, alors nos larmes sont nos vrais enfants.

LES CALANQUES

Cassis. À nouveau quelques jours, dans cette cathédrale de pierre et de soleil. Chaque heure passée là, dans le vide, le vent et le pétillement de la lumière sur l'eau, est une bénédiction, un moment arraché à la vanité. Je connais l'endroit par cœur, chaque grotte, chaque sente, chaque buisson de lentisque. De là cette question : aime-t-on davantage ce que l'on connaît à fond ? J'ai bien peur que oui. Fitzgerald avait raison, au début de *Gatsby* : « Après tout, pour observer la vie sous le meilleur des angles, mieux vaut rester à la même fenêtre. » J'aurai donc fait fausse route à voyager fébrilement pour amasser des sensations nouvelles, collectionner des impressions changeantes, alors que je pouvais me contenter de labourer sans cesse le connu, le déjà-vu, le « je-ne-sais-quoi et le presque-rien ».

JUIN 2014

EN NORMANDIE

Le village de Sainte-Marguerite-sur-Mer repose à l'ouest de Dieppe. Les vaches y broutent une herbe iodée. La mer est vert de jade. Parfois un rayon de soleil traverse les nuages puis se rétracte. C'est tout juste s'il ne s'excuse pas. Au bord de la mer, des vacanciers bronzent sans risquer les coups de soleil. Dans les tableaux de Boudin, les gens à la plage se tenaient debout ou assis. Aujourd'hui, tout le monde se couche. Le siècle est peut-être plus fatigant ? Il faut être fakir pour dormir sur ces galets. Vers l'est, une falaise ferme la plage. Elle a la couleur et la tendreté du beurre. L'érosion mord à belles dents dans le rocher blond. Il y a quelques années, le bunker allemand qui coiffait la paroi s'est détaché. Il gît à présent au pied de la falaise, comme un monument futuriste. Si j'étais rédacteur en chef de journal, je me servirais de ce bunker pour illustrer le dossier sur « l'effondrement de l'immobilier ».

À BARBÈS

Ainsi donc, pour apporter un soutien aux civils en souffrance de la bande de Gaza soumis aux raids de l'armée israélienne, un ramassis de petits voyous des cités, de trentenaires lobotomisés par internet, de vieux gauchistes recuits de haine, a mis à sac un quartier de Barbès. Je pense à Vladimir Jankélévitch qui ne voulait plus parler l'allemand après la Shoah. Aurait-il cru qu'un jour de 2014, dans les rues de Paris, on aurait à nouveau entendu gueuler « Mort aux Juifs » ? L'Histoire ne se répète peut-être pas, mais certains hommes, eux, bégaient.

À CONFRÉCOURT

Il s'appelle Jean-Luc Pamart, il est paysan. Sur les plateaux du Soissonnais, dominant la vallée de l'Aisne, il cultive le blé, la pomme de terre. Ses champs se situent à l'endroit où se maintint la ligne de front de 1914 à 1918. Des milliers d'Allemands, d'Américains, de Français, d'Anglais, reposent dans la *glèbe féconde* qu'il laboure chaque année. « Je suis hanté par ces morts, nous dit-il. Je cultive le blé du sang, le blé de la mort et de la mémoire. » Il y a tellement de débris de métal dans ces sillons qu'à l'usine de patates du village on fait passer les tubercules sous un aimant pour retirer les éclats ! Parfois, le soc du tracteur ramène un cadavre à la surface. Pamart l'identifie immédiatement grâce aux boutons de l'uniforme. Il contacte alors les services concernés. Les Américains, les Anglais, les Australiens, dépêchent aussitôt des agents qui prennent en charge les corps pour leur rendre les honneurs. « Avec les Français, poursuit Pamart, c'est plus compliqué. En général, tout le monde s'en fout, il n'y a pas de service spécial pour les Poilus se relevant de leur tombeau de glaise. » Il poursuit : « Un jour, des fonctionnaires sont venus chercher des ossements de Poilus français que j'avais placés dans des sacs. Ils les ont balancés dans leur coffre de bagnole comme si c'étaient des sacs de gravats. » C'est triste, ce pays où l'on ajoute l'insulte de l'oubli aux tourments de l'Histoire.

DANS LES LIVRES

Trentième maxime de Chamfort en forme de recommandation pour auteur de bloc-notes : « La meilleure philosophie, relativement au monde, est d'allier à son égard le sarcasme de la gaieté avec l'indulgence du mépris. »

DANS LES ÉCRINS

Même le soleil est en crise. La lumière réussit une faible percée dans un banc de nuages. Il y a cent cinquante ans, Edward Whymper, le plus élégant, le plus *british* des alpinistes, accompagné de ses guides, réussissait la première ascension de la barre des Écrins, dans le massif de l'Oisans. Cette victoire sonna comme un haut fait et repoussa les limites d'un sport balbutiant. Cent ans plus tard, jour pour jour, reconstituant l'aventure, nous nous lançons sur la montagne pour célébrer l'esprit de Whymper, saluer la beauté de cette barre de roche noire suspendue à 4 102 mètres au-dessus d'un glacier. Les guides de l'Oisans ont organisé la partie en conviant du beau monde. On rencontrera sur les flancs un détachement de la Légion étrangère, quelques membres du peloton de gendarmerie de haute montagne, des policiers du parc naturel de l'Oisans et même quatre membres du prestigieux Alpine

Club londonien. La veille de l'ascension, au bivouac, sous une toile de tente tendue sur les blocs du glacier et battue par le grésil, un journaliste ose une question à un gendarme : « Mon capitaine, y a-t-il un inconvénient à ce que nous allumions un joint ? » Réponse du militaire : « Quelle est l'altitude ? » Un guide : « 2 700 mètres. » Mauriac professait qu'« au-delà d'une certaine altitude, il n'y a plus de mauvaise pensée ». Le capitaine, lui, déclare : « Considérons que la loi s'arrête un peu en bas, allez-y. » Le lendemain, tout le monde se tient au sommet après une grimpée dont on mesure le caractère héroïque au XIXe siècle. Pour honorer Whymper, nous sommes cinq en tenue d'époque : brodequins de cuir, cotonnade bouffante sous les vestes, cordes nouées autour de la taille et alpenstock en guise de piolet. Parmi nous, une jeune Savoyarde en robe brodée et fichu dentelé. Personne ne souffre du froid et il semblerait que nos costumes nous apparient mieux à l'environnement magistral. On redescend vers la vallée en songeant que, depuis Whymper, grimper sur les montagnes est toujours une bénédiction, arrache à l'asservissement de l'existence urbaine. Seule différence avec 1864 : la modernité a créé le vêtement technique qui bariole la montagne, ne rehausse pas le décor et ne prémunit pas mieux des agressions climatiques que le feutre, le tweed, le velours et la laine. Qu'est-ce que le progrès technique ? C'est le progrès, en nous, de la certitude que nous avons crucialement besoin de choses inutiles.

AUTOMNE 2014 : LES JOURS SOMBRES

LE BEAUF SUR LE TOIT

Longtemps, j'ai batifolé sur les toits. Je grimpais sur les bâtiments, je me prenais pour un alpiniste des villes. Dans mes yeux d'enfant tardif, les cathédrales étaient des Himalayas. J'aimais la compagnie des gargouilles, je vadrouillais sur les corniches, rentrais par les fenêtres, me rétablissais sur les toits. À Paris, le zinc, la tuile et l'ardoise composaient une mosaïque, ma géographie intime. Les concierges étaient mortes, j'avais horreur des digicodes, j'en étais réduit à gravir les façades. Après tout, comme disait Renan, il faut chaque jour « quelque chose qui me mette au bord de l'abîme ». Ce soir d'août 2014, à Chamonix, j'escaladai la maison de mes amis. Cette fois, les démons attendaient, en embuscade. Un croc-en-jambe et je tombai. La chute ne fut pas glorieuse, j'avais bu du vin de Savoie et, dans mon ivresse, je crus que j'allais délicatement rebondir sur un buisson de pétunias. Je m'écrasai sur le dos et me fendis le crâne. La vie ressemble à une ligne brisée. C'est fou, les surprises qu'elle vous offre. Je sombrai, héritai d'une vingtaine de fractures, et on m'alita pour quatre mois à l'hôpital de la Pitié-Salpêtrière.

J'avais toujours pensé que la quarantaine était un naufrage, mais pas à ce point. À l'hôpital, je flottai dans la nuit. J'ai frôlé l'extinction des feux. Je m'acheminai de l'autre côté, « sur l'autre rive », disait Chevènement, victime d'un choc toxique. Là-bas, comme je m'en doutais, il n'y avait personne. Pas une main tendue, ni anges, ni vierges, ni vertes prairies irriguées par des cascades d'ambroisie. Trop influencés par le tableau de Jérôme Bosch, nous nous sommes persuadés que le tunnel comptait deux issues (comme sous le mont Blanc). Je revins au royaume des vivants avec l'envie d'enjoindre aux monothéistes de cesser leurs fariboles.

COUCHÉ !

La Pitié. C'est là que le pionnier de la neurologie, le professeur Charcot (père de l'explorateur [bi] polaire), exhibait ses aliénées en donnant des conférences, à la fin du XIXe siècle. Le bâtiment est encore là. Aujourd'hui, on n'enchaîne plus les fous, on ne les traite plus comme des êtres nocifs et on soigne les fracassés de l'existence avec une délicatesse que je ne soupçonnais pas. Les infirmières se pressent à nos chevets. Ces femmes en blouse immaculée, penchées sur des visages de souffrance, prodiguant leurs soins à des corps en peine, incarnent la figure cultuelle de la fée. Cette figure éternelle des contes oniriques : la dame blanche.

DÉPASSER LA DOSE PRESCRITE

À l'hôpital (endroit sans pitié), j'ai lu le *Journal* de Malaparte, *Voyage autour de mon crâne* de Karinthy, *Mourir idiot* d'Yves Gibeau, *Notre jeunesse* de Péguy, les *Lettres à Lou* d'Apollinaire, *La République des camarades* de Jouvenel, *La Puissance et la Gloire* de Greene, les *Poésies* de Villon, *La Grande Peur des bien-pensants* de Bernanos. Tous ces écrivains morts soutiennent les blessés, au fond du lit, dans la morne torpeur des journées sans contours. Dans les nuits d'angoisse, jamais les livres ne m'ont à ce point semblé des compagnons. Sans eux, serais-je debout ? Étrange sensation d'entendre les élites politiques se vanter de ne plus jamais lire (la cybergirl Fleur Pellerin, par exemple) et promettre, avec enthousiasme, l'avènement de générations ultra-connectées.

ALLER-RETOUR

« Je n'ai pas vu Dieu », rigolait Gagarine au retour de son vol en capsule. Après mon aller-retour dans les limbes comateux, je n'ai le souvenir que d'une lente flottaison algueuse, une molle dérive dans les eaux du néant. Jusqu'alors je croyais que ce qui ne me tuait pas me rendait fou. Mais la mort m'a paru une agréable formalité. Pourquoi craindre cet état de flottaison dans les eaux de l'oubli ?

LA GRANDE PEUR DU DEHORS

Le matin à la radio : ces islamistes dont même Dieu peut avoir honte ; ces hommes politiques occupés à défendre les intérêts de la boutique ; ces Français à qui les réseaux sociaux offrent un quart d'heure de célébrité et qui se dressent les uns contre les autres. L'envie soudain de ne pas sortir de l'hôpital. Ici, au moins, le silence et la gravité règnent en maîtres.

LES VISITES À L'HÔPITAL

Autour de votre lit, ces gens qui ruissellent de compassion, vous regardent avec une pitié dangereuse. Et soudain, cette impression de se trouver soi-même *à leur chevet*.

LA BONTÉ PROVISOIRE

À l'hôpital, chacun aide son prochain comme il le peut. Dans les yeux des patients la compassion, la générosité. L'homme exprime sa bonté dès qu'il est affaibli. Quand il aura recouvré ses forces, il rejoindra les rangs des fauves.

UNE TROISIÈME VOIE

Face à l'accident, il faut n'exprimer ni révolte ni résignation. Il conviendrait plutôt d'inventer un nouveau solfège de l'existence. Une manière de continuer le voyage en compagnie d'une deuxième personne, la faiblesse.

NEVER COMPLAIN !

La pathologie des malades est de s'appesantir sur leur mal, de ne parler que de leurs tracas. Le commentaire permanent de nos maux finit par les entretenir. Si l'on veut guérir, il faut mépriser la souffrance, la considérer avec désinvolture, ne jamais la nommer.

TOUT PASSE

Les médecins nous l'assènent : c'est le temps qui est le remède. En s'écoulant il cautérise les blessures. « Tout passe », comme écrivit Vassili Grossman, longtemps après Héraclite. Emily Dickinson n'avait pas entendu le conseil. Trempant sa plume dans la plaie de son âme, elle suppliait qu'on la laisse cultiver son chagrin, qu'on ne lui retire pas sa douleur.

LA PITIÉ-SALPÊTRIÈRE, SEPTEMBRE

L'excellent service de rééducation de l'hôpital de Charcot m'accueille en ses murs. Je vais y rester trois mois. Nous sommes entre les mains de praticiens qui s'occupent de *réparer les vivants*, selon l'expression de Maylis de Kerangal. Il y a même un service que je croyais relever de l'URSS stalinienne : « rééducation neurologique ». Autour de moi, une trentaine de patients se battent pour reconquérir leurs forces. Ils sont dignes, courageux, résignés parfois. Étrangement, il ne règne pas d'esprit de révolte contre le destin, contre l'absurdité de l'existence. Les patients sont des forçats réduits à conquérir pas à pas, à lentes foulées, heure après heure, une pente interminable. Un jour ils seront au sommet. Alors, la lumière et le vent emporteront le mal. Je lis l'essai de Cynthia Fleury, *Pretium doloris* (feu Pauvert). Le philosophe y prouve la dimension socratique de l'accident. La douleur offre à l'être de se déployer dans sa gloire, elle autorise à mieux se connaître : on peut retourner le sort, le forcer à devenir un outil propice à l'examen de soi. Ce livre devrait être prescrit à tous les patients en même temps que les antalgiques. Les jours passent, l'esprit fait la paix, les os se consolident, les chairs cicatrisent. Et soudain, le monde dont nous sommes ici hermétiquement coupés nous apporte une leçon. Nous recevons les nouvelles du siège de Kobané. Nous apprenons la résistance des Kurdes, l'impiété de l'engeance islamiste, la vilenie des Turcs. Le double jeu de ces derniers imprime une marque indélébile sur le front d'Erdogan. L'Histoire est rancunière, elle forge ses propres figures mythiques, ce type passera à la postérité comme l'archétype jungien de la saloperie. À l'hôpital, la conduite des Kurdes inspire certains d'entre nous. Nous aussi, nous menons un siège. Nous aussi, nous espérons que le rapport de forces se retournera. Au fond du lit, puissions-nous montrer un peu de la force, de l'énergie et du courage des héros de Kobané !

OCTOBRE, LA TÉLÉ À L'HÔPITAL

Dans les chambres, parfois, la télé diffuse son éclat blafard. À l'hôpital, c'est elle qui fait le plus pitié. Sa lividité, son débit hystérique, les propos débités : la télé est malade.

Comment des établissements aussi réputés que les hôpitaux français, œuvrant à la reconstitution du patrimoine cérébral, neurologique et cognitif de grands blessés, peuvent-ils autoriser que les patients, après les séances de rééducation menées par les meilleurs praticiens, aient le droit de regarder la télé, c'est-à-dire

obtiennent le loisir de ruiner tous leurs efforts de recon-
quête par l'ingurgitation d'un flux de débilités ?

NOVEMBRE, DÉFINITION DE L'ISLAM

Des nouvelles de Daech. Et soudain, ces lignes
sur l'islam : « Grande religion qui se fonde moins sur
l'évidence d'une révélation que sur l'impuissance à
nouer des liens au-dehors. En face de la bienveillance
universelle du bouddhisme, du désir chrétien de dialogue, l'intolérance musulmane adopte une forme
inconsciente chez ceux qui s'en rendent coupables ;
car s'ils ne cherchent pas toujours, de façon brutale, à
amener autrui à partager leur vérité, ils sont pourtant
(et c'est plus grave) incapables de supporter l'existence
d'autrui comme autrui. » Éric Zemmour dans *Le Suicide français* ? Non, Claude Lévi-Strauss ! Le comité de
décret des fatwas n'a pas encore dû lire l'avant-dernier
chapitre de *Tristes Tropiques*.

RÉADAPTATION

L'objectif de la rééducation est de vous renvoyer en
ville. Sortir de l'hôpital pour replonger dans l'asile.

UNE CONVERSATION

— J'aime les aides-soignantes.

— Parce que ce sont les seules femmes qui accourent
quand on les sonne ?

— Non, parce que ces femmes font le grand métier.
Elles nous lavent, nous changent, nous piquent, nous
nourrissent. Des gestes simples, anodins, pour un
enjeu sublime : maintenir la vie.

MISTRAL PERDANT

Vladimir Poutine n'entend rien à la subtilité. Que la France ait trahi le serment de livrer deux Mistral à la flotte russe l'offusque. Pour la présidence française, l'essentiel n'est pas la sincérité de celui qui fait une promesse, mais la fiabilité de celui qui y croit. Il échappe en outre au président russe que la France contribue par sa fermeté à l'élargissement des droits de l'homme. La leçon du Mistral donne par exemple au chroniqueur le droit de ne pas livrer son papier si la ligne du journal s'est modifiée. Le droit au médecin de ne plus soigner son patient si la maladie se développe. Le droit de ne pas dire « oui », le jour du mariage, s'il pleut. Le droit de ne pas élever son enfant s'il ne vous ressemble pas. Bref, le droit de ne pas être fidèle si votre interlocuteur n'est pas conforme.

CORAN ALTERNATIF

Dans le Coran : « Et quant aux femmes dont vous craignez la désobéissance, exhortez-les, éloignez-vous d'elles dans leurs lits et frappez-les. » Aussitôt, question à l'excellent Malek Chebel et à tout porte-encens de l'*islam des Lumières*. Un fanatique de Daech qui torture les fillettes au Kurdistan se radicalise-t-il ou se conforme-t-il ?

SEULE COMPTE LA TAILLE

Je me souviens d'Yves Lacoste au séminaire de Paris-VIII. Il commençait sa leçon en exhortant à poser comme préalable à toute réflexion géopolitique la surface du territoire géographique. Si l'on applique ce principe au problème russe, on devrait se réjouir que Poutine se tienne à la tête d'un espace couvrant dix fuseaux horaires où règne la stabilité. Quand Cameron s'est souvenu de l'agression hitlérienne et quand Obama a pointé une « nouvelle menace sur le monde », on a cru que les deux présidents parlaient de l'État islamique. Mais non ! N'ayant pas lu Lacoste, ils évoquaient la Russie.

D'OÙ PARLÉ-JE ?

Autre leçon d'Yves Lacoste : toujours considérer les *représentations* des adversaires. En d'autres termes, se mettre à la place de l'autre pour analyser son point de vue. Par exemple, comprendre que dans l'affaire des Mistral Poutine nous prend pour des supplétifs des USA ; saisir que la vieille obsession russe est l'accès à la mer. Bref, œuvrer à la manière d'un écrivain américain qui décrit le même événement sous quinze angles différents, comme dans *Tandis que j'agonise* (note à l'intention de Mme Fleur Pellerin[1] : il s'agit d'un titre de

---

1. Ancien ministre de la Culture qui avait confié à la télévision ne pas avoir le temps de lire.

Faulkner et non du cri d'aveu d'une promesse électorale de 2012).

RÉVEILLON

Si Jésus revenait sur Terre à Noël et se rendait compte que la Nativité a déclenché une frénésie de consommation planétaire et sonné la victoire des marchands du temple, il reprendrait le mot de Céline dans *Mort à crédit* : « C'est naître qu'il aurait pas fallu. »

UNE QUESTION

Quels avantages procure le fanatisme islamiste ? Il calme les frustrations sexuelles, canalise la volonté de puissance, ouvre l'accès à une gloire facile, donne la possibilité de dominer ses semblables au nom de la soumission générale, offre la reconnaissance mimétique des autres candidats, libère le déchaînement sadien, assouvit le désir de servitude volontaire. Et si les psychanalystes étaient les seuls à pouvoir mener la lutte contre l'islam rigoriste ?

UN HÉROS

Je marche sur les bords de la Seine. Les bouquinistes ont ouvert leurs boîtes, ils gardent les troupeaux de livres comme des bergers, la peur du loup en moins : personne ne volera leurs livres, il est même probable que personne ne les lise. Il y a trois ans, Bertrand Delanoë avait rendu la rive gauche aux piétons. Comme tout Parisien, j'avais éructé, à l'époque, sur ce thème : « En haut, l'embouteillage, en bas, pas un chat. » À présent que ma vie a connu un léger ralentissement, je bénis ces aménagements. C'est le malheur de la démocratie : on ajuste ses opinions générales à de petits intérêts particuliers. Donc, la promenade. La Seine a la couleur du caramel. Le niveau monte : trop de saules pleurent. Les Parisiens font du jogging et tout à l'heure ils iront au restaurant ruiner le bénéfice de leurs efforts. Des cormorans sont à la course avec le *Cronos*, Zodiac de la brigade fluviale. Un trimaran est amarré à l'ouest du pont des Invalides. C'est le navire de Paul Watson, dernier héros de notre temps. En 1977, ce Robin des mers a fondé la Sea Shepherd Conservation Society, organisation d'activistes semi-pirates. Watson attaque les pêcheurs illégaux, empêche les baleiniers de « souiller la mer » par de « sanglants déluges », comme disait Michelet. Le génie du capitaine est de convoquer le droit : « Nous nous opposons uniquement aux criminels définis par les lois de conservation internationales. »

UN LECTEUR

Le philosophe Michel Eltchaninoff révèle dans un livre digne d'une opération neurologique ce qui se tient *Dans la tête de Vladimir Poutine* (Actes Sud). On y passe en revue l'arsenal intellectuel qui sous-tend la politique du Kremlin. Dans ce voyage au pays des bulbes (rachidiens), on croise Ivan Iline, mystique idéaliste, Constantin Léontiev, Zarathoustra à la barbe de pope, Alexeï Khomiakov et Ivan Kireïevski, promoteurs de l'ontologie russe, Nikolaï Danilevski, slavophile scientiste, le linguiste Troubetskoï et le géographe Savitsky, inspirateurs rationalistes de l'union eura-

sienne, Alexandre Douguine, demi-gourou raspouti-
nien, Lev Goumilev, chantre de la civilisation
turco-steppique, et le bon Berdiaev, promoteur de la
liberté spirituelle. Poutine butine ces sources philoso-
phiques pour bâtir sa théorie de la spécificité russe et
se rêver un destin, une voie, séparé de l'Europe.
Eltchalninoff n'accorde aucune grâce à Poutine ni à
son art d'accommoder la pensée des autres pour préparer sa tambouille morale. Au moins doit-on reconnaître que le président russe lit des livres et s'arme
pour le combat des idées. On ne pourra plus le considérer comme un satrape steppique uniquement avide
d'accroître ses possessions géographiques.

JANVIER 2015

LE 1ᵉʳ JANVIER

Le Ventoux coiffe le Comtat Venaissin. C'est un autel de 2 000 mètres de haut au bout d'une plaine parfaite. À son pied vit Paul Veyne, historien de l'Antiquité qui partage avec Pétrarque le goût de la vie solitaire et de l'escalade. En ce jour de l'an, la Provence est mauve, glacée. Un soleil russe rase les vignes. Un jour, elles nous rendront en vin ce qu'elles raflent en lumière. Nous partons de Séguret et, dans les bois de chênes, nous marchons vers les ruines du monastère de Prébayon. Il ne reste rien du lieu saint. Quelques moellons bouffés de lierre. Le monastère fut mis à sac par les Sarrasins au VIIIᵉ siècle. On ne sait pas ce qu'il advint des moniales ; rien d'agréable probablement. Nous nous disons que c'était le début du dialogue entre l'Islam et l'Occident. Nous ne savions pas qu'une semaine plus tard, apprenant la tuerie de *Charlie Hebdo*, nous allions penser à nouveau aux femmes de Prébayon et nous dire que l'attaque du 7 janvier 2015 n'était pas l'année zéro de la violence mahométane en France.

Encore de longues marches dans les plis du Comtat. Cette chance, en France, de disposer de la couverture cartographique de l'IGN, au 1/25 000. Et si nos malheurs venaient de ce que nous vivons à trop grande échelle ? La Terre se globalise, les frontières se dissolvent, les marchandises circulent. J'ai la subite envie de m'inventer une vie au 1/25 000. C'était le rêve des anarchistes, des communards et des Grecs qui lisaient Xénophon : réduire l'espace de notre agitation, se replier dans un domaine, ne vouloir atteindre que ce qui est accessible. Accueillir des pensées universelles en cultivant un lopin. Ne côtoyer que les gens qu'on peut aller visiter à pied. Ne manger que les produits de sa proche région, en bref, vivre sur les chemins noirs, ces sentes secrètes qui strient les feuilles de l'IGN, échappant aux contrôles de l'État. Il est urgent de changer d'échelle.

Cette fois nous sommes en famille dans le cimetière de Wassigny, Aisne. Encore ce soleil de janvier : une boule mortifère qui blanchit les labours, annule l'horizon. Un vieux monsieur marche entre les tombes, tenant un enfant par la main : l'un s'achemine vers le néant, l'autre en vient. La vie ? Un peu d'agitation entre deux silences. Au fond du carré se dresse un monument aux soldats de la première division d'infanterie nord-africaine. Quelques braves du 13e zouaves et des tirailleurs du 23e régiment algérien se battirent contre les nazis. C'était l'époque où l'Orient et l'Occident faisaient front commun contre la barbarie. Les temps changent.

La tuerie de *Charlie*. Pour lutter contre l'abattement moral : fermer les écrans et ouvrir des livres au hasard. Dans ces circonstances, des phrases sautent aux yeux, transmettent leurs forces mantiques. J'en trouve deux pour nos temps de requiem :

D'Ernst Jünger dans ses *Aphorismes* : « Un crime suscite, même dans la population d'une grande ville, un certain esprit de famille. »

De Cioran dans *Des larmes et des saints* : « L'avantage de penser à Dieu, c'est de pouvoir dire n'importe quoi à son sujet. »

C'est la marche du peuple en peine. Le président français a donné à l'émotion la dimension de l'Histoire. Un jour, il faudra dépasser le pathos, ôter les habits du deuil pour reprendre la vie, c'est-à-dire le combat. Le matin des obsèques de Jacques Chancel, le 6 janvier, j'écoutais la *Radioscopie* consacrée à Lévi-Strauss en 1988. Le vieil ethnologue nous livrait ses prémonitions : « Je ne me méfie pas du sentiment [...], mais l'idée que le sentiment puisse nous envahir sans s'insérer dans un certain nombre de nos canalisations qui dépendent de nos structures nerveuses et cérébrales me semble tout à fait illusoire, et donc il faut essayer de comprendre que nous sommes des machines à penser et à sentir avant de glorifier le sentiment. » Avis à la population.

Le djihad ne fait pas de grands guerriers. Devant l'héroïsme kurde, les fondamentalistes piétinent. Leurs gloires : tuer des enfants, violer des femmes, descendre des journalistes. Là, ils s'illustrent.

Vous êtes vengés, mon vieux Cabu et toi, mon bon Charb, et vous, chers Wolinski et Tignous. Les types qui vous assassinèrent mercredi sont les incarnations de vos caricatures. Ils sont à plaindre, ils ne s'en doutent pas. Ils sont les brutes hagardes, nées de vos crayons. Comme il doit être faible, ce Dieu qu'ils se bâtissent, qu'ils s'imaginent grand et se font le devoir de défendre contre des dessinateurs !

Les hommes politiques ont raison, l'amalgame est facile. Il ne faudrait pas confondre les sanguinaires et les musulmans de bonne volonté. Mais il existe un amalgame justifiable que personne n'ose développer. Un esprit attentif établit aisément le lien entre les appels à la violence des djihadistes et certains accents du texte coranique. Il y a dans ce livre, où Schopenhauer déplorait de ne pas croiser « une seule idée profonde », des exhortations à détruire l'infidèle, des sourates qui invitent à la lutte à mort. Lévi-Strauss le révélait au terme de *Tristes Tropiques* : l'islam est une Révélation qui exclut toute possibilité d'un intérêt porté à l'Autre. Et le Coran continue d'irradier une certaine force toxique, sans qu'aucun des « musulmans modérés » s'attache à en appeler à la *réforme*. Les musulmans modernes ont devant eux un chantier superbe : l'initiation de cette réforme. Entend-on ce souhait s'exprimer chez les représentants du culte ?

Jamais. Pourtant, sans débat littéral, aucun effort d'apaisement ne sera possible. Si l'islam ne trouve pas son Luther, l'islamisme cheminera toujours à ses côtés, comme une ombre projetée par un soleil noir.

Il y a trois décennies, l'historien Martin Malia établissait la thèse selon laquelle la violence stalinienne n'était pas un dévoiement de la pensée marxiste, mais l'application à la lettre des processus révolutionnaires exposés dans *Le Capital*. Les textes sont des armes dont les effets létaux traversent les siècles en sourdine pour se réveiller un jour.

À la Bastille, hier, le peuple de Paris se regroupait pour scander qu'il n'avait « pas peur ». La seule chose qui devrait nous faire peur, c'est la haine de nous-mêmes dont nous croyons qu'elle est synonyme de l'élégance d'esprit ; ce sont les gouffres spirituels que l'Occident a creusés en lui et que l'islamisme remplit selon le principe de l'hydraulique ; c'est notre incapacité à diagnostiquer les urgences (le président Hollande s'inquiétait de la montée du « populisme » lors de ses vœux au peuple). Et c'est notre refus de poser les termes de la guerre, de nommer l'ennemi qui nous la déclare. François Hollande dans son allocution de mercredi soir n'a même pas prononcé le nom du mal dont il se flatte de nous protéger : l'islamisme.

Nous pouvons n'avoir peur de rien si nous cessons d'être la caricature de nous-mêmes.

URBANISME, CAPITALISME, HYGIÉNISME

Les bouquinistes de Paris : leurs boîtes vertes rivées aux quais de pierre. Eux, les libraires de plein vent, gardent les livres dans leurs enclos, pendant des heures, fumant des blondes, face au fleuve. Apollinaire disait que la Seine était le seul cours d'eau à couler entre deux rangées de livres. On rejoint les étals comme on monterait au grenier. On fouille dans la malle magique, on exhume une pépite : une dinguerie de Pétrus Borel, une première édition des *Larmes et des saints* de Cioran, un recueil des entretiens de Mallet avec Léautaud ou les *Carnets du vertige* de Lachenal. Mais soudain une inquiétude. Que font les pouvoirs publics ? Pourquoi le gouvernement tolère-t-il ces débarras de bois et de papier posés en équilibre sur les parapets de calcaire ? Sait-on que l'on peut y trouver des livres scandaleux, dangereux, tombant sous le coup de la loi, des *opus* excitants, des volumes de poètes sombres, des récits de soldats maudits ? Ce fouillis doit-il encore exister à l'heure numérique ? Ne serait-il pas temps de raser ce bric-à-brac pour édifier au long des bras de la Seine de belles vitrines d'Apple Store ? Rassurons-nous, le temps viendra.

ÉCHEC PATENT

L'équation de Bergson, que l'on tentera, en vain, de débusquer chez le moindre de nos dirigeants : « Penser en homme d'action, agir en homme de pensée. »

URGENCE ABSOLUE

Il est temps à présent de se poser de vraies questions :

Un fleuve bordé de saules pleureurs est-il une rivière de larmes ?

Pourquoi les mouettes rieuses ont-elles un maquillage de clown triste ?

Peut-on se sentir proche d'un Néo-Zélandais ?

Pourquoi le niveau de la mer monte-t-il alors qu'on tue de plus en plus de baleines ?

Le masochisme des alpinistes est-il de souffrir pour atteindre les sommets ou de redescendre dans le monde des hommes, une fois là-haut ?

La nuit tombe, le vent se lève, l'hiver avance : qui se tient encore tranquille ?

La marée : pourquoi faut-il mettre en branle un océan entier afin de recouvrir quelques petits coquillages sur la plage ?

Y a-t-il des hommes qui se sont pendus de n'avoir pu se jeter au cou d'une femme ?

TOTAL RESPECT

Ces propagandistes de l'internet me sidèrent. Quel talent ! Ils appellent « nouvelles technologies dématérialisées » ces appareils qui nous tiennent en laisse, nous domestiquent, nous hypnotisent. Dans *Les Sept Piliers de la sagesse* (note à l'intention de Fleur Pellerin : il ne s'agit pas d'un manuel d'architecture zen mais d'un *livre* de T.E. Lawrence), on apprend que *yahoo*, en arabe, signifie l'un des derniers degrés de l'esclavage.

UN LIVRE MAJEUR DANS LE BROUILLARD

Et si la vie ne consistait qu'en une seule chose : prendre un jour une haute et dernière décision, dût-elle se montrer fatale ? C'est le *kairos* des Grecs : le moment où l'homme, arrivé à une fourche de sa route, choisit de choisir, décide de décider, accepte de basculer dans la grandeur. Certains hommes (la plupart d'entre nous !) hésitent, composent, atermoient. Les autres tranchent, quitte à mourir. Alors, empoignant le gouvernail du destin, ils entrent dans la lumière de la postérité. C'est le thème des quatre nouvelles que Patrice Franceschi réunit sous le titre de *Première personne du singulier* (Points). Les héros que l'écrivain met en scène – marins habités, couple de résistants, loups de guerre – se tiennent sur les bords du parapet et, aiguillonnés par leur « sens du tragique », acceptent de sauter dans l'inconnu. Franceschi a incarné à travers ces hommes d'action la vieille injonction de Vladimir Jankélévitch : « Le vent se lève, c'est maintenant ou jamais. » Ce livre aurait pu s'intituler : *Manuel de conduite pour nos temps incertains*.

Tancrède Melet est un génie. Ce rejeton postmoderne d'Harold Lloyd – regard brûlant, joues creuses et silhouette de félin – se situe à mi-chemin entre l'athlète et le poète. Il joue les funambules à 1 000 mètres du sol, escalade les murailles sans corde, marche sur une sangle tendue entre deux montgolfières, se catapulte dans le vide au bord des falaises, se jette en parachute du haut des parois. Avec sa bande de camarades, il produit des films qui sont des moments de beauté pure, des odes à la légèreté, à la folie. Il a sauté en *wingsuit* du sommet de l'aiguille de la République, dans le massif du Mont-Blanc. Note à l'usage des piétons : la *wingsuit* est une cape apparentée au patagium des galéopithèques, cette membrane qui sert aux écureuils volants à planer d'arbre en arbre. Le parachutiste la déploie en sautant pour augmenter la finesse de vol avant d'ouvrir sa voile. Dans le petit film consacré à son nouvel exploit, Melet donne avec désinvolture la raison qui le pousse à pareilles dingueries : « En *wingsuit*, je rentre à Chamonix en trois minutes, par les voies traditionnelles, il me faudrait dix heures ! » On s'imagine à tort que ces sportifs de l'extrême sont des casse-cou avides de dépassement, ce sont simplement des poètes, héritiers de Paul Morand, des « hommes pressés[1] ».

---

1. Tancrède Melet trouvera la mort en janvier 2016 dans l'exercice de sa passion.

Dans le musée de l'Acropole, à Athènes, une stèle représente la déesse Athéna coiffée d'un casque, appuyée sur sa lance, contemplant mélancoliquement une borne de pierre servant à délimiter les distances d'un stade. Le dialogue avec la civilisation islamique n'ayant pas encore été entrepris en Grèce, on peut toujours contempler l'œuvre (n° 695). Elle porte le titre d'*Athéna skeptoménê*, « Athéna en méditation ». D'après les exégètes, la sculpture symboliserait la réflexion de la déesse devant ce qui limite, ce qui ordonne, ce qui tempère les œuvres, les espérances, les ambitions des hommes. À l'opposé, les Modernes que nous sommes croient pouvoir dépasser toute mesure. On rêve de vivre mille ans, on espère augmenter la réalité, on tripatouille le gène, on veut « recréer les monts et les mers et les plaines, d'après une autre volonté », selon le vers monstrueux d'Émile Verhaeren. Je songe en contemplant la stèle grecque à une discipline de l'apnée sportive, le *No limit*. L'expression seule contredit et insulte la noblesse d'Athéna. Le jeu consiste à plonger dans les profondeurs lesté d'un poids et à remonter à l'aide d'un ballon gonflé au gaz. Et je pense aussitôt qu'une championne d'apnée française, Aurore Asso, titulaire du record de profondeur atteinte à la palme, refuse de participer aux compétitions de *No limit*. Elle tient à s'enfoncer dans les abysses par ses propres forces. Ce n'est pas un hasard si Aurore Asso, qui tient aux bornes naturelles et aux limites humaines, ressemble physiquement, comme une sœur, à l'Athéna de la stèle 695.

L'écrivain argentin Cortázar venait contempler chaque jour la colonie d'axolotls qui occupe un aquarium, à droite de l'entrée. Ces amphibiens mexicains à la peau sombre rôdent entre les algues lourdes. Ils ont la mine grave, serpentent à pas comptés et battent de la branchie avec un air tragique. Ils sont affligés de pédomorphose (ne pas y voir le moindre délit), autrement appelée néoténie, une propriété biologique qui fascinait l'auteur de *Bestiaires* et impose à un être vivant de conserver jusqu'à sa mort ses caractéristiques juvéniles. En somme, ces salamandres vivent et se reproduisent sans jamais évoluer, demeurant des larves. Pour les cas de néoténie humaine, il faudrait imaginer des bébés se tapant une belote en fumant des Gitanes devant un double pastis avant de gagner leur garni pour faire l'amour et mourir. Au XVIIe siècle, à Anvers, sans rien connaître aux axolotls, des tapissiers flamands travaillant la laine et la soie représentaient des chérubins en pleine scène bachique. De gros nourrissons roses mettaient en perce des tonneaux, se rinçaient le gosier entre les plants de vigne. C'était un cas d'illustration artistique du principe néoténique. Devant la vitre des axolotls, hypnotisé par le ballet des larves cacochymes, on se demande où se dissimule la néoténie de nos jours. Il semblerait que nos hommes politiques en soient atteints. Ils sont en proie à des crises de jalousie, ils frondent, ils éructent, ils se haïssent, se déchirent, ils veulent tout le pouvoir. Il faut qu'on les aime, qu'on les applaudisse. La volonté de puissance les anime. Le monde doit se plier à leurs

vues. Ainsi, tout au long de leur vie d'adulte, ils conser-
veront les caractéristiques psychologiques d'un enfant
colérique.

ARAVIS LE MERCREDI

Pour consolider ma carcasse ébranlée par une chute,
les médecins m'ont recommandé une rééducation quotidienne. Chaque matin, cette semaine, j'arrache
quelques centaines de mètres à la pente et monte sur le
plateau de Beauregard, dans le massif des Aravis. Au
sommet, la vue porte sur la chaîne du Mont-Blanc où
les alpinistes vont chercher les ennuis. À l'est apparaît le
plateau des Glières, où Tom Morel dirigea son réseau de
résistance pendant la Seconde Guerre mondiale, pro-
clamant qu'il voulait « vivre libre ou mourir ». Je traverse
des forêts de conifères. De qui sont les traces qui poin-
tillent la neige fraîche ? Comment les arbres par-
viennent-ils à coloniser la falaise, à retenir la terre sur
des replats, défiant les lois de l'équilibre ? Quelle volonté
de vivre anime le lichen ? Qui a laissé au pied de ce
sapin les reliefs d'un repas d'écorce ? Je traverse les lieux
en aveugle, sans rien deviner des drames qui s'y jouent,
ne lisant aucun signe, aucun indice. Vingt ans de lecture
des journaux, de plongée dans les livres et de fréquentation des universités pour en arriver là ! Et je pense à ce
cri de réprobation du vieux chasseur des *Cosaques* de
Tolstoï. Il accueille les jeunes recrues moscovites en se
désolant que les urbains lettrés parviennent à maturité
sans rien comprendre au monde : « Ils sont savants mais
ils ne savent rien. »

À Paris, ne disposant pas de relief, je me rabats sur la tour Eiffel. Je monte jusqu'au deuxième étage par les voies légales, c'est-à-dire les escaliers, en m'acquittant d'un ticket et en pensant à René Desmaison qui avait escaladé la tour par l'extérieur dans les années 1960 encordé à José Giovanni, ancien taulard, auteur du *Trou*, heureux de monter au ciel. Sept cents marches plus haut, les touristes contemplent le tapis anthracite des toits, veinés de boulevards, hérissés de clochers, bosselés de dômes. Tout ce zinc me donne soif. Le spectacle est étrange au bord du parapet : une forêt de bras brandissant des écrans. Pas un seul visiteur du matin ne regarde la ville autrement qu'à travers son appareil. La vie est un Photomaton. La mémoire des hommes serait-elle devenue à ce point défaillante qu'il faille archiver chaque instant ? Ainsi des voyages modernes : on traverse le monde pour prendre une photo. Il n'y aura plus de récits de voyage, seulement des cartes postales. Ici, pas un œil ne reçoit le spectacle en direct. Que feront les hommes de toutes ces images qui leur volent la possibilité d'une émotion organique ? Peut-on méditer en tripotant les touches de ces trucs ? Qu'a fait de mal le monde pour qu'on tire des écrans sur lui ? Seuls les enfants, les vieillards et les oiseaux regardent la vue de leurs pleins yeux. Ce sont les derniers êtres à qui il restera des souvenirs.

LE MIKADO

Le jeu du Mikado : chaque tige de bois est indépendante des autres, mais le moindre mouvement qu'on lui imprime transmet sa vibration à la pelote entière et la menace d'effondrement. Depuis que les pouvoirs publics nous enjoignent de bannir « l'amalgame », les ventes de jeux de Mikado ont dû s'effondrer.

VIVRE POUR LES BÊTES

La vie consiste à nourrir les bêtes.

Les poissons rouges quand on est enfant, les pigeons quand on est vieux, les vautours ou les asticots à la fin.

PANNE SÈCHE

C'est le matin, il fait beau. À quoi bon écrire lorsque le soleil brille ? Il faut tenir un bloc-notes, et c'est la panne. Pas une idée, pas une lumière. Soudain, dans les journaux jetés sur la table, l'œil repère ceci, de Michel Leiris : « Attendre d'être inspiré pour écrire, cela veut dire qu'on est un pur esthète : dans ce cas, en effet, l'inspiration n'est qu'un moyen et c'est l'écriture qui est la fin. Ce qu'il faut au contraire, c'est écrire pour être inspiré. »

PENSÉE MAGIQUE

On appelle prophétie auto-réalisatrice l'action qui consiste à précipiter l'advenue des choses à force d'y penser, à force d'en parler. Par exemple, porter des bagues de motard à tête de mort, aimer les Vanités du Louvre, lire Cioran, chanter le suicide à la romaine et se faire tatouer sur la peau un aphorisme d'Héraclite contenant le mot *thanatos* risquent de vous faire frôler la mort ou, pire, la débilité. J'en sais quelque chose, j'ai survécu[1].

PENSE-BÊTE

J'avais écrit ces résolutions dans un calepin. Je suis désespéré de n'avoir encore rien accompli :

Boire les larmes d'une sainte.

À La Nouvelle-Orléans, ne jouer de la musique qu'à jeun.

Éprouver la jouissance de se refléter dans l'œil de son pire ennemi.

Nager avec un très vieil axolotl.

Rayer un zèbre de la carte.

---

1. Citation de Mac Mahon : « La fièvre typhoïde est une maladie terrible : ou on en meurt, ou on en reste idiot. J'en sais quelque chose : je l'ai eue. »

Visiter la *panic room* d'une *No go zone.*

Lire Lovecraft à la lumière d'un feu follet.

Écrire un bloc-notes sans dire un mot sur l'État islamique.

COUPER LE SON

C'est l'aube, le ciel est pur, neuf, les passereaux se réveillent en pépiant, une tourterelle, déjà, roucoule sous le toit, l'air a gagné quelques degrés de température et l'on entend le crépitement de la neige réchauffée par un rayon mauve. Un chat s'étire en craquant, une araignée répare sa toile éventrée par un drame nocturne, les premières pensées s'ébrouent dans la tête, encore gauches, encore engluées de sommeil. Et c'est dans un tel moment de jeunesse, de gloire et de grâce qu'il faudrait allumer la radio pour écouter les *matinales* ?

COUPER L'IMAGE

Avec quelques amis, nous buvons le thé en compagnie de Son Excellence Alexandre Orlov, ambassadeur de Russie en France. Les chaînes de télévision américaines ont signalé hier qu'il y avait des quartiers de Paris inaccessibles aux Français, des *No go zone.* Orlov : « Savez-vous que c'est de cette manière que vos médias parlent chaque jour de la Russie ? »

Prenons une vieille forêt. Les très vieux hêtres, les chênes immémoriaux, les frênes éternels et les saules qui poussèrent là les premiers sont-ils des arbres de souche ?

✧

Si l'aphorisme est un fragment, peut-on dire que j'ai trouvé des tessons ?

Enterrement : toute vie se termine par une séance de spéléologie.

Yoga : la salutation au soleil levant n'a pas de succès chez les Inuits.

Cette dame vit s'enfuir le crocodile et crut qu'on lui volait son sac à main.

Les arbres puisent dans la terre la force de se hisser au ciel.

Je suis un chasseur-cueilleur de bibliothèque.

Sur les panneaux anti-incendie, cette injonction aux accents dada, idéale pour gouverner sa vie. Elle aurait pu être écrite par Picabia : « 1) Fermez la porte. 2) Partez et ne revenez pas en arrière. »

Pour l'animal, l'homme est le criminel en liberté.

Le faucon aiguise ses ailes dans l'air froid.

La noblesse de la neige : arriver silencieusement, partir très vite.

À l'adresse des croyants : est « Grand » celui qui n'a pas besoin qu'on lui serine.

Chaque jour, je monte sur les collines comme un nourrisson sur les seins de ma (Terre) mère.

« Noli me tangere. » Ouvrir un institut de massage thaï qui porterait ce nom.

Méditerranée : je nage sur des fonds marins désertés, vides. J'ai l'impression de survoler un Sahara. En un demi-siècle, l'homme a réussi à essorer la mer.

Il faut boire avec modération, fumer en se cachant, penser sans écarts, parler sans déraper. Pourquoi a-t-on encore le droit de manger épicé ?

Le problème de cette planète, c'est qu'entre les enfants et les bêtes il y a l'homme.

Fontaine : le temps s'écoule, potable.

Est-ce qu'un verre est si lourd qu'il faille se mettre à deux pour le prendre ?

La France profonde ne pourra jamais sortir du trou.

Si l'on coupe les mains d'un Italien, il risque de devenir muet.

L'optimisme : perception du monde à travers le prisme de la cécité et de la surdité.

Le sang, seule vérité qui sorte d'un homme.

La vision du Christ en croix m'a cloué.

Je suis rentré dans un bar ; un autre que moi-même en est sorti.

Les flics écrivains connaissaient-ils l'identité de leurs futurs lecteurs ?

Devant des ruines, l'imagination bouche les trous.

Internet ? Une crise d'épilepsie mondiale.

Voyager, c'est croire que la distance amènera de la profondeur.

Dans le métro, je profiterai des correspondances pour écrire des lettres.

Ne rien oublier en faisant sa valise et ne pas la prendre en partant.

Elle m'a dit qu'elle était une sirène. Je ne l'ai crue qu'à moitié.

Les montagnes sont des sabliers réglés à l'heure géologique.

Les médecins ne savent pas trop quoi dire. Ils nous palpent pour gagner du temps.

Tous les chemins mènent les Roms.

Étant très occupée, la Vierge Marie n'aura le temps que de faire une apparition.

Si l'on est trop ardent au lit, on risque de casser les ressorts de l'amour.

L'ESPRIT DE SÉRIEUX

Je parle aux enfants de l'école Sainte-Marthe, à Grasse : pour la première fois, je ne peux pas dire n'importe quoi. La rencontre est sérieuse. Les enfants attendent une vérité. Les enfants ne pratiquent pas l'ironie, ne comprennent pas le sarcasme, goûtent modérément l'analogie. Les enfants ne vivent pas au second degré. Les enfants ne lisent pas de blocs-notes. Je crois qu'ils ont raison.

L'ÉTAT SE CHARGE DE TOUT

Ah ! si Platon avait su que ce serait dans une « république » (la nôtre) qu'on cesserait d'enseigner le grec... À Palmyre, l'État islamique n'a pas encore fait sauter les temples. En France, le sort des langues antiques est déjà réglé par le gouvernement. Nous prouvons par là au monde entier que nous autres, Français, sommes capables d'agir.

LA CONJURATION DE LA DÉMOLITION

« La vie est une entreprise de démolition », écrit Fitzgerald au début de *La Fêlure*. On cite Fitzgerald aujourd'hui, on le lit, on le célèbre. On pense à son séjour sous les palmes de Juan-les-Pins, on croit voir sa silhouette sur la terrasse de l'hôtel Belles Rives. La littérature serait donc la conjuration de cette démolition.

UNE QUESTION DE POSITION

Recettes existentielles pour la vie dans les calanques de Cassis : faire corps à corps avec la mer en nageant puis tourner le dos au monde en grimpant, comme le suggère Erri De Luca.

PAS UNE TÊTE NE DÉPASSERA

Les aménageurs de notre gouvernement ont inventé le terme d'« égalité des territoires ». Comment supportent-ils que les Alpes s'élèvent 4 000 mètres plus haut que la Camargue ? Lutteront-ils au bulldozer contre cette discrimination ?

INCOMPÉTENCE ET FONDAMENTALISME

Des statues d'un temple consacré à Héraclès, des sarcophages couverts de hiéroglyphes, ont été exondés dans la baie d'Aboukir par une équipe d'archéologues-plongeurs emmenés par Franck Goddio. Ces découvertes consolent les cœurs affligés par la destruction de Palmyre il y a un mois, de Bamian il y a quatorze ans. Le monde regorge de merveilles nées du génie infidèle de peuples pas encore aveuglés par la lumière d'Allah. Enfouis dans les caches de la géologie, demeurent des vestiges de cultures antiques préservées de ce genre d'injonctions coraniques : « Et quand Nous voulons détruire une cité [...]. Alors la Parole prononcée contre elle se réalise, et Nous la détruisons entièrement » (sourate XVII, versets 16-17). L'inaptitude des supplétifs de Daech, la brutalité des nostalgiques du califat islamique, n'atteindront pas ces merveilles. Certains djihadistes, comme l'apprenti tueur du Thalys d'Amsterdam, ont déjà du mal à désenrayer une culasse d'AK-47. Les autres ne révèlent leurs talents qu'en coupant les têtes de leurs prisonniers et en vendant des femmes yazidies pour quelques dizaines de dollars. Les voyons-nous, ces aiguiseurs de carnaval morbide, plonger à 10 mètres de fond pour dynamiter les statues d'Hâpy, explorer les cavités du Sulawesi pour souiller les pochoirs vieux de quarante mille ans, escalader les montagnes tibétaines pour dynamiter des stupas ? Il ne faut tout de même pas trop en demander aux abrutis.

TOMBER SUR UN OS

Henry de Lumley, ancien directeur du Muséum d'histoire naturelle et prince de la paléontologie, donnait l'autre soir une conférence au collège des Bernardins à Paris. Quel vertige d'entendre le professeur évoquer, en ce haut lieu de la foi cistercienne, l'existence d'hominidés s'éveillant à la pensée symbolique ! Lumley raconte que des ossements parfaitement intacts de Néandertaliens ont été retrouvés au fond d'un puits dans la grotte de Sima de los Huesos, en Espagne. Les paléontologues se perdaient en conjectures. Que faisaient ces morceaux de squelettes dans un boyau profond ? La réponse est venue de récentes enquêtes sur les corps retrouvés dans des voitures au pied des falaises du cap Canaille. Les cadavres avaient été balancés dans le vide après avoir été zigouillés par des mafieux de la côte. Les médecins légistes se sont aperçus que les os des corps n'avaient pas été brisés à l'impact. Les victimes – déjà occises depuis longtemps avant d'être précipitées – étaient protégées (si l'on peut dire) par la gonfle gazeuse des chairs en décomposition. Tout s'éclairait : si les os néandertaliens de la grotte espagnole n'avaient pas été fracturés en tombant dans la fosse, c'est que les corps étaient déjà en putréfaction avant d'être jetés dans le puits. Il y avait donc là preuve d'un rite funéraire très ancien. Moralité : vive la transdisciplinarité.

TROUVER DES PÉPITES

La phrase la plus charmante que j'aie lue ce mois-ci : « J'ai rêvé que j'étais deux chats et que je jouais ensemble », Frigyes Karinthy, *Je dénonce l'humanité*.

La plus intelligente : « Il se peut que le progrès soit le développement d'une erreur », Jean Cocteau, *Vœux à la jeunesse pour l'an 2000*.

La plus lucide : « L'homme étant un aventurier, il ne peut que mal finir », Cioran, *Entretien à Tübingen*.

La plus prémonitoire : « On entendra bientôt par toute la planète un immense cri, qui montera vers les étoiles comme le hurlement de chiens innombrables, demandant quelqu'un, quelque chose qui commande, qui impose une activité ou une obligation », José Ortega y Gasset, *La Révolte des masses*.

LIRE ENTRE LES LIGNES (DE TRAIN)

Dans le train de Paris à Marseille, une jeune fille (la plus jolie du wagon) lit *Le Chevalier, la Femme et le Prêtre*, de Georges Duby. Les autres passagers ne lisent pas. De deux choses l'une : soit ils réfléchissent à leur lecture de la nuit, soit ils se demandent dans quels livres se plonger à l'arrivée. Soudain ce message par le haut-parleur : « La descente du train ne peut s'effectuer qu'à l'arrêt. » Par tous les diables ! Comme j'aime l'impatience de ce peuple prêt à sauter du convoi comme dans *L'attaque de la diligence*. Cette énergie ! Cette vitalité ! Cette santé !

S'INSPIRER DES BÊTES

Le tarentisme était le nom donné à une maladie qu'on imaginait contractée par la morsure de la tarentule. On croyait que le venin déclenchait chez la victime des mouvements désordonnés, une danse spasmodique : la tarentelle. À l'opposé de cette agitation nerveuse, la thanatose est le nom d'une technique de défense animale consistant à simuler la mort pour détourner les prédateurs. Certains oiseaux comme le martin-pêcheur et beaucoup d'insectes usent de ce stratagème. On imite le cadavre en espérant que l'ennemi se détournera. Certains hommes politiques, une fois élus, semblent en état de thanatose. Ils ne font plus un geste sitôt arrivés au pouvoir, après avoir été atteints de tarentisme pendant la campagne électorale. Étonnant, niet ?

AVRIL 2015 : EN IRAK

TRISTESSE DE LA LUCIDITÉ

J'apprends par voie de presse que le volcan Villarrica, dans le sud du Chili, est entré en éruption juste avant le printemps. Je me souviens de m'être tenu sur la lèvre de son cratère avec mes amis, il y a quelques années. Tout était calme alors : à peine un filet de fumée cotonnait-il au fond du gouffre et, pour nous remonter, nous avions descendu une bouteille d'Escudo Rojo. Soudain, d'autres souvenirs affluent : en 2011, j'avais escaladé avec Daniel du Lac une voie de la face ouest des Drus, juste avant qu'elle ne s'effondre dans un panache de scories. Il y a peu, j'avais séjourné à Sanaa au Yémen, trouvant la ville délicieusement vivable. Et, au temps de mon adolescence, j'avais dormi au sommet d'un grand chêne qu'une tempête scélérate avait fauché la nuit d'après. C'est à ces signes que l'on reconnaît le mauvais journaliste : il ne se trouve jamais là où il faudrait se trouver ou alors il n'y est jamais au bon moment. Et voilà que la vie s'écoule sans qu'il ne se passe rien.

En ce début d'avril, j'assiste à la messe de Pâques dans un camp de réfugiés chrétiens à Erbil, capitale du Kurdistan irakien. L'évêque est optimiste, ce qui est la moindre des vertus pour un homme d'espérance : « L'an prochain, nous célébrerons Pâques à Mossoul ! » Beaucoup de fidèles tirent de tristes figures. On serait désespéré à moins, n'est-ce pas ? Leurs proches ont été tués pendant l'été 2014, dans la plaine de Ninive, par les musulmans de l'État islamique inspirés par le cinquième verset de la neuvième sourate : « Tuez les idolâtres partout où vous les trouverez. » Les survivants ont été harcelés, expulsés, terrorisés, en vertu de l'application du quatorzième verset de la même sourate : « Combattez-les, afin que Dieu les châtie par vos mains. » Je m'aperçois bien vite que j'ai eu grand tort de me plonger dans le Coran (traduction de Kazimirski, Garnier-Flammarion), car partout, de la France au Kenya, du Niger à l'Irak, de l'Égypte à la Syrie, l'actualité commet la faute quotidienne de pratiquer *l'amalgame* avec les recommandations du Livre saint.

ACCABLEMENT GÉNÉRAL

Nous rencontrons des survivants yazidis dans un camp du quartier chrétien. Ils descendent des peuples zoroastriens, adorateurs du Soleil. Ils pleurent les milliers de femmes enlevées, vendues, martyrisées par les musulmans de Daech qui ont veillé à illustrer le quatre-vingt-dix-huitième verset de la deuxième sourate, selon lequel « un châtiment douloureux attend les infidèles ». Non loin, un couple nous reçoit dans une pauvre pièce. Aïda et son mari sont chrétiens, ils nous racontent leur fuite. Leur fille a été enlevée par un émir très pieux, qui s'en revenait de La Mecque : Hadji Abou Ashouane. La petite avait quatre ans.

PROGRESSION DANS LA DÉPRIME

La Guilde du Raid lance une radio qui diffusera programmes et reportages dans les camps de réfugiés d'Erbil. Elle s'adressera aux milliers de Kurdes chrétiens, aux Assyriens, aux yazidis, aux sunnites, à toutes les victimes de la terreur que les milices islamiques de Daech ont répandue dans la plaine de Ninive, les montagnes du Sinjar. Il s'agit de diffuser une parole fraternelle, d'apporter la chaleur du Verbe, à présent que l'eau, les médicaments et le pain ont été acheminés. Puissent ces pauvres hères rentrer un jour chez eux. Il sera temps alors pour eux d'éteindre la radio. Pendant que nous nous livrons à ces occupations, les affaires de France continuent et le pays s'illustre dans son occupation favorite que la philosophe Cynthia Fleury désigne comme la « fin du courage ». La radio publique est en grève et la RATP, soucieuse de l'effort de laïcité, efface sur une affiche la mention d'un versement du bénéfice d'un concert au profit des « chrétiens d'Orient ». À ce moment-là, deux questions : le principe de laïcité trouvera-t-il la faveur de ceux qui risqueraient de lire le vingt-neuvième verset de la neuvième sourate : « Faites la guerre à ceux qui ne croient point en Dieu » ? Et deuxièmement, pourquoi la RATP, si soucieuse de vertu républicaine, conservet-elle la charge de stations affublées de noms comme Saint-Michel ou Saint-Augustin ? Ne faudrait-il pas rebaptiser le réseau selon le principe de neutralité spirituelle ? On irait ainsi de Germain-des-Prés à Mandé, de Lorette à Strasbourg-Denis. On pourrait remplacer Trinité par « Trio » et Filles-du-Calvaire par « Garçons-de-Café ».

ÉCHOUAGE DANS LE CALEMBOUR

Si j'étais publicitaire kurde, j'inventerais une lessive nommée Peshmerga. Et ce slogan ferait ma fortune : « Peshmerga efface les Daech. »

MAI 2015

LA CÔTE SAUVAGE

Je rejoins l'île d'Olkhon sur le lac Baïkal. Ici, pas d'internet, nul goudron, aucune administration. Sous le ciel froid moutonnent des steppes où zigzaguent des lièvres variables. Sur les reliefs se déploient des taïgas non aménagées. Les vipères y règnent, les loups y rôdent. Je séjourne dans la cabane qu'une équipe de tournage vient d'édifier sur la côte orientale de l'île. Raphaël Personnaz y a tourné le prochain film du cinéaste Safy Nebbou. L'isba s'élève au bord de l'eau. La nuit, la clarté de la lune allaite le lac. À l'aube, la forêt bruisse dans le vent. Et les journées s'écoulent, strictement identiques, devant l'éternité. Les saules croulent sous le poids des abeilles. Dans le calice des crocus ouverts sur les versants, les papillons se gobergent. On se souvient alors qu'en France il est devenu rare de croiser un papillon. On se souvient que les abeilles y meurent. Le gouvernement (et les écologistes qui le peuplent) n'a jamais pris les mesures d'interdiction des pesticides néonicotinoïdes qui déciment les rangs des butineuses avec l'efficacité des armes chimiques. Cet automne se tiendra à Paris la Conférence mondiale sur le climat. Est-il sérieux de confier une mission planétaire à un pays qui ne protège pas ses papillons ? Peut-on régler les problèmes du monde quand on n'assure pas la survie des éphémères ?

LA VOIE ROYALE

Les arbres m'apprennent la discrétion. J'admire leur retenue, leur timidité. Aucune frondaison ne s'emmêle aux autres. Aucun tronc ne nuit à ses voisins. Les arbres ont l'infinie noblesse de ne pas se toucher. Chacun tire de la terre la force de se hisser au ciel, en silence. Parfois, le vent taille ses croupières dans la lumière et les arbres sont agités de pensées inquiètes. Je passe mes journées dans un petit livre, *La Vie cavalière* de Sophie Nauleau. L'auteur a trouvé sa voie dans le côtoiement d'un autre être vivant. Moi, c'est l'arbre ; elle, le cheval. Sophie Nauleau aurait aimé traverser le royaume de France montée sur un destrier, pour réciter le *fin'amor* des troubadours de Toulouse. Par malheur, elle est née fille à la fin du XXe siècle. Elle s'est résolue à dresser chaque matin ses montures au manège puis à battre la campagne avec elles jusqu'au soir. Elle a appris le gros de la vie en selle. Elle y a mûri ses lectures, médité sur l'amour, compris qu'un seul beau geste valait des années d'efforts. Elle n'a jamais raté une aurore pour servir ses bêtes. Elle leur a donné en amour ce qu'elles lui ont rendu en leçons. Elle a su que la force se menait avec la grâce, que le silence des bêtes en disait plus que la conversation et qu'un saut réussi ressemblait à un beau vers de poésie.

Suis revenu d'Irak où j'avais rencontré les victimes de l'État islamique réfugiées à Erbil : des yazidis, des chrétiens et des chiites. Là-bas, on nous avait interrogés à la radio, et il me semble que nous parlions plus librement, avec plus d'ardeur, plus de compassion et moins de gêne aux entournures que dans les stations françaises, où il convient de « ménager les communautés » et d'éviter les emportements avant de dire la moindre chose.

Me suis promené à l'aube dans la forêt de Fontainebleau après avoir dormi dans une grotte creusée sous une platière de grès du massif des Trois Pignons. Prendre un bain de lumière à travers les feuillages est une jouvence meilleure que la douche du matin. Pourquoi éprouve-t-on tant de jouissance à dormir dans la nature ? Parce que l'homme, peut-être, n'est pas fait pour ces cages qu'il appelle « maisons » et dont l'acquisition lui semble l'accès ultime à la civilisation.

Suis parti aux bords du lac Baïkal vivre quelques semaines dans une cabane de bois. La fenêtre s'ouvre sur la plaine d'eau que le soleil caresse ou que la lune glace. Je me félicite de séjourner sous ces poutres de bois. Ici, la vie est lente, vide et libre. En France, en un seul mois, les dirigeants se sont illustrés dans l'atteinte à ce que Tocqueville nommait les « libertés de détail ». Il faut à présent installer des détecteurs de fumée chez soi, se garder de tout dérapage (ce mot !), ne plus apprendre les langues mortes à l'école. Bref, si l'on veut pouvoir dire du mal en latin des flics blancs de Baltimore en fumant des cigares chez soi, il faut se tirer dans une cabane de Sibérie.

Ai rencontré Reinhold Messner à Grenoble. J'étais comme un groupie devant son idole. Lui, le plus grand alpiniste, *Le Sur-vivant* (c'est le titre de son dernier livre, paru chez Glénat), parle posément de ses conquêtes, évoque la mort de son frère au Nanga Parbat, analyse les raisons qui poussent un homme à risquer tout pour un sommet, déplore l'assèchement de la vie connectée. Après avoir tant manqué d'oxygène, l'homme respire la grandeur.

Ai lu *Pourquoi le saut des baleines* de Nicolas Cavaillès aux Éditions du Sonneur. L'auteur peint la grâce violente des monstres océaniques, leur ballet absurde et leur chute splendide. Il explore cette propension à crever le miroir, jaillir dans le ciel pour rejoindre l'élément dans l'explosion d'écume. Depuis des millénaires, les hommes émettent des hypothèses : les baleines sauteraient pour chasser les bancs de poissons, détruire les bateaux, séduire leurs partenaires… Mais bientôt l'auteur s'avoue vaincu : nous ne saurons jamais pourquoi la baleine saute. D'ailleurs, est-il utile de se le demander ? « La rose est sans pourquoi », se disait Silesius. Les baleines sont les derniers poètes, elles sautent parce qu'elles sautent. Elles sautent avec des raisons que nous ne saurons pas. Elles sautent sans raison. Mais nous autres, humains, sommes des comptables mesquins et nous voulons que tout effet possède sa cause.

Ai participé au Salon du livre d'Arcachon. Les écrivains, sur la plage, dédicaçaient leurs ouvrages. Il pleuvait et même le ciel avait la couleur de l'huître. L'huître est pareille à l'écrivain : elle repose longtemps immobile, elle filtre les courants purs et les eaux sales, se laisse traverser par le flux, se nourrit du milieu. Pour savoir ce qu'elle a fait de son nutriment, il faut ouvrir l'huître comme on ouvre le livre. Seule différence : il y a plus de perles dans une bourriche que dans la production littéraire de l'année.

Suis allé dans une agence Orange pour rétablir ma connexion. Une vieille dame entre dans le magasin. Elle doit avoir cent ans. Elle s'adresse à l'accueil et le plus sérieusement du monde dit : « Je voudrais acheter des oranges. » On lui explique qu'elle se trompe d'endroit. La dame s'en va et tous les vendeurs se gondolent, se moquent de la « semi-folle », et ils replongent alors le nez sur leur écran qu'ils ne quitteront plus jamais pour les années à venir.

LE MONDE EN 2050

Mon cauchemar préféré, la nuit, est de penser à l'avenir. Les intellectuels appellent « prospective » l'exercice consistant à imaginer le futur. Mais la prospective ne requiert pas un effort d'imagination. Elle peut consister à considérer les choses présentes et à les extrapoler. Demain, finalement, n'est que notre présent – en pire. Voici le détail de mes prévisions :

Démographie

Nous serons quinze milliards d'êtres humains à la surface de la Terre. Les gens continueront d'enfanter : « Ayons confiance ! Les nouvelles générations trouveront la solution au problème de la pression démographique. »

Démocratie

Le slogan de la République « Liberté, Égalité, Fraternité » sera remplacé par « Sécurité, Relativité, Haut Débit ». À New York, la statue de la Liberté sera fondue et une statue de la « Sûreté globale guidant le monde » sera érigée.

Amour

Nous serons encouragés à faire l'amour dans les lieux publics. L'État sait qu'un peuple qui jouit ne se rebelle pas.

Santé publique

L'homme pourra vivre mille ans grâce aux techniques du clonage, aux avancées de la génétique et des nanotechnologies. Notre longévité posera toutefois des problèmes. Des vieux beaux de huit cents ans seront accusés de pédophilie par des octogénaires. Des dépressifs connaîtront de terribles crises de la quatre centaine. Les femmes qui voudront paraître trois cents ans pendant quatre siècles seront ridicules.

Nutrition

Les terres arables étant bétonnées, les océans vidés et les limons essorés (la Mésopotamie sera un grand parking), l'humanité se nourrira d'insectes. Les restaurants se contenteront de modifier l'intitulé des recettes : il y aura la *Sauterelle en daube*, le *Criquet Strogonoff*.

Culture

Les livres en papier serviront au chauffage d'appoint jusqu'à épuisement du stock. Le surplus éventuel sera réduit en poudre pour l'élevage des insectes.

Travail

Les voitures seront transformées en bureaux afin de rentabiliser les heures de bouchons. Certains citoyens militeront pour la baisse du temps passé dans les embouteillages à soixante-dix heures par semaine.

Constitution

La charia n'influencera pas la Constitution française et toute personne qui en doutera aura la main droite coupée.

Voyage

La Terre étant réservée aux manœuvres de guerre, les vacanciers embarqueront à bord de bateaux sans hublot (mais avec salles de jeux) qui tourneront lentement dans l'océan.

Liberté d'expression

Le ministère de la Pensée autorisera l'expression de toute opinion dans la limite de la loi que chaque citoyen pourra consulter dans le *Code de la libre parole* (quinze tomes).

Rébellion

Le *1984* de George Orwell circulera sous le manteau. On le lira en se disant : c'était le bon temps !

Gouvernance

La réalité sera augmentée. Mais pas les salariés.

Sécurité

Chaque pilote de drone sera surveillé par un drone.

Surveillance

Une puce GPS sera implantée sous la peau. Il sera plus facile de revenir à soi.

Enseignement

L'archéologie sera supprimée des programmes. Daech aura rasé tout ce que les Grecs avaient laissé en ruine.

Avenir

L'antimodernisme ne sera pas toléré et rebaptisé « futurophobie » pour faire l'objet de sanctions pénales.

VOILE

Sur la plage de Biscarrosse (Landes), une dame joue gaiement avec son enfant dans une baïne. Elle est recouverte de la tête aux pieds d'un somptueux niqab. Derrière elle, une copine – une sœur peut-être ? – patauge dans l'eau, intégralement voilée. On croirait qu'elles disputent une régate. L'homme de la famille se repose en slip, à l'ombre d'un parasol. Tariq Ramadan, dialecticien des palmeraies, expliquait l'autre jour à la télévision que voiler les femmes consistait à « protéger leur vertu ». Il eût fallu répondre à Tariq chéri qu'il a grand tort de prendre ses penchants cochons pour une loi commune, qu'il est temps de sortir de l'adolescence acnéique, que sa propre vertu de bellâtre (barbe de baryton, regard ourlé) n'est pas menacée par les femelles en rut (hélas ! pour lui), que nous autres mâles, ne sommes pas tous aussi excités que lui par nos glandes et que nous pouvons paisiblement soutenir le spectacle de milliers de femmes en maillot de bain s'ébattant dans l'écume. La preuve : sur les kilomètres de plages landaises recouvertes de corps joyeux, il n'y a pas l'ombre d'un malentendu, pas le soupçon d'une inconvenance. Penser que l'évolution darwinienne a fait péniblement sortir l'homme des flaques pour que la femme musulmane y retourne habillée et que joli Tariq dise pareilles foutaises… quel ennui !

VIDE

Je lis le numéro de *Grands Reportages* sur les déserts français. Jusqu'alors je pensais que la *diagonale du vide* traversait mes deux tempes. À présent, je sais qu'elle est là, à portée de mes pas, ralliant les Landes à l'Ardenne. Jacques Lacarrière l'avait suivie, chemin faisant. Me vient aux lèvres l'injonction de Rasmussen : « Donnez-moi les chiens, donnez-moi l'hiver et gardez tout le reste », que j'aménagerais ainsi : donnez-moi un bâton de marche, donnez-moi une « diagonale » et gardez tout le reste.

SUISSE

J'aurais peur de vivre dans un pays qu'on désigne par le préfixe du suicide.

SAHARA

Vivre dans ce pays où il y a toutes les raisons de se pendre et pas un arbre pour le faire.

CONVULSION

Expérience récente dans un avion qui me ramenait de Russie : je suis affligé d'une crise d'épilepsie. Cela consiste à s'auto-électrocuter le cerveau, à gêner son entourage, à sortir de soi et à y revenir plus triste encore qu'auparavant.

CONVULSION 2

Un peu de repos dans les Landes. Forcément, après avoir connu l'épilepsie, on porte sur le monde un regard où l'on applique à toute chose le principe de la convulsion. La mer semble se convulser de vagues. Chaque vague traversée de décharges d'écume vient baver sur la côte dont le tracé sinusoïdal révèle un tremblement suspect. Les forêts dans le vent ont l'air agitées de violentes crises d'angoisse, même les dunes de sable paraissent avoir été soulevées par des soubresauts géologiques. Tout trahit un syndrome de crispation, de constriction et de trémulation. Même internet semble une épilepsie générale dont serait affectée l'humanité. Ma seule consolation est d'apprendre que Napoléon et Flaubert étaient épileptiques. L'un essaya de se calmer en foutant le feu à l'Europe. L'autre en s'enfermant dans sa chambre de Croisset, emmitouflé dans sa robe de chambre. Préférer la seconde technique.

ALCOOL

Tout alcool m'est interdit depuis la crise épileptique. J'aimais bien boire pourtant. Ce n'était pas pour m'enivrer, c'était pour m'arroser l'âme, cette plante vivace.

ALCOOL 2

Les médecins sont inconséquents. Pour éviter les convulsions, ils interdisent l'alcool, mais ils ne disent rien des *Démons* de Dostoïevski, des poèmes d'Essenine, de la musique de Bartók et des toiles de Basquiat.

ARCACHON

Ce ministre de l'Éducation en vacances s'aperçut que le niveau de la mer, lui, montait.

INTERNET

Les hommes ont jeté sur le monde un linceul auquel ils donnent le nom d'« écran ».

LIVRE

Sur une île déserte, j'emporterais un livre sur le *monde de demain* pour me féliciter d'avoir été jeté sur une île déserte.

PARADOXE

Je ne suis même pas capable de m'autocritiquer.

VOILE

Avoir donné le nom d'« Optimist » à ces petits voiliers-écoles est très vexant pour la littérature maritime.

VOILE 2

Un enfant qui apprend à s'évader en faisant du bateau à voile et rentre chez sa maman le soir prouve qu'il n'a pas retenu la leçon.

VERTU

« Je ne confierai jamais ma fille à un Gitan », disait une maman guitare.

« J'en ai vu tant passer. »

ABATTEMENT

À Chamonix, cet été, le spectacle est saisissant. Un soleil de Sahel brille sur le massif, les glaciers ruissellent, le permafrost fond, on entend les parois s'ébouler dans des fracas de squelette brisé. La température affiche 37 degrés dans la vallée, l'isotherme monte à la hauteur du mont Blanc, il pleut au refuge du Goûter, que les autorités, d'ailleurs, ont décidé de fermer parce que le couloir d'accès au mont Blanc « vomit » sa pierraille. Des colonies de scolytes, scarabées xylophages, attaquent les mélèzes et ravagent des arpents de forêt. Heureusement, on rencontre des Chamoniards qui prennent la situation avec philosophie. Ils vous expliquent que « tout cela n'est pas grave » et que les données climatiques ont toujours « changé », que tout relève de « l'impermanence » et qu'il ne faut pas s'en faire. La seule chose que négligent ces partisans de la méthode Coué, c'est que nous approchons du seuil des neuf milliards d'humains et que cet effectif entraîne une situation inédite. Elle interdit toute relativisation des phénomènes présents, toute comparaison avec le passé et toute certitude sur l'avenir. Pour me consoler de ces perspectives effrayantes, je pars me promener à 3 500 mètres. Où j'attrape une insolation dans un refuge surpeuplé.

EN HAUT

Dans *Le Je-ne-sais-quoi et le Presque-rien*, Vladimir Jankélévitch nous exhortait à nous maintenir « en équilibre à la fine pointe de l'instant ». Jamais ailleurs que sur une paroi de montagne, au sommet d'une « fine pointe » de granit ou de calcaire, j'atteins à ce point le sentiment d'habiter pleinement le temps. Là-haut, on ne fait que passer. On ne devrait pas se trouver là, on n'y restera pas, on n'y retournera jamais. Il est déjà temps de partir alors qu'on voudrait demeurer toute sa vie au sommet et qu'il fut difficile d'y parvenir.

EN BAS

Je pousse la porte de l'église Saint-Nicolas de Véroce, dans le val Montjoie. Les fresques baroques des voûtes explosent au regard. Elles sont fantaisistes et sévères, affreusement colorées et infiniment belles. Elles reposent l'œil du spectacle des glaciers dégueulant de la montagne. Quand on y marque halte, les églises vides et silencieuses ont un pouvoir apaisant. Même celui qui ne croit à rien s'y recharge l'âme, s'y lave l'esprit, s'y repose le corps. Voilà pourquoi il serait fort dommage que ces havres d'ombre et de douceur vrombissent de sourates récitées par les fidèles mahométans et qu'on convertisse ces lieux en mosquées comme l'imam Boubakeur le suggérait. Je sais que Jean-François Colosimo, directeur des Éditions du Cerf, trouvait inepte que des gens qui n'y fichaient jamais les pieds se piquassent de défendre les églises. Il jugeait absurde que l'appel de Denis Tillinac contre la provocation de Boubakeur puisse être signé par des athées. Moi, je crois le contraire. On peut tenir à ses églises, aimer l'apparition du clocher au creux d'une vallée de France, même lorsque l'on ne croit pas au

Ciel. Il faut distinguer la foi et la culture. Le dogme et la civilisation. L'enracinement spirituel et l'espace de propagation des sociétés. Se vouloir membre de la chrétienté sans trop se sentir lié au christianisme est possible. On peut aimer l'Église en lisant Ravachol. On peut lire Péguy sans rien espérer de notre pauvre vie. Il n'est pas nécessaire de dire son chapelet pour refuser que les versets du Coran soient marmonnés sous les clochers qui hérissent la France du Mercantour au Cotentin, comme le signe d'une vieille alliance passée dans notre histoire entre le Christ et nous, entre le Ciel et le paysage.

POLITESSE

Il faut toujours demander à une situation la permission de la retourner.

ÉVIDENCE

Tout contact avec la terre ferme (la naissance ou la chute de l'escabeau) est une expérience destinée à mal se terminer.

FRAYEUR

Une araignée de 5 millimètres, striée de jaune, se promène sur une table de bois dans un chalet de Chamonix. C'est une saltique, une araignée sauteuse qui ne tisse pas de toile mais déambule à l'affût de ses proies. Soudain, elle bondit et chope la tête d'une mouche entre ses chélicères. On a beau être fatigué de la condition humaine, on se dit que cela ne doit pas être drôle, la vie d'insecte : se tenir aux aguets, se mouvoir dans le cauchemar, environné de monstres à huit yeux qui vous fondent sur la gueule en silence...

DÉGOÛT

Un petit chien boitait tantôt sur un trottoir du boulevard Saint-Germain. Il lui manquait une patte arrière et c'était grande pitié de le voir sautiller derrière ses maîtres. Il avançait courageusement. Soudain, un groupe de gens s'arrête et regarde le chien. Ils sont trois ou quatre à rigoler affreusement. Ils pointent la bête du doigt, ils se moquent, prennent des photos. Je les aurais jetés aux saltiques géantes.

FATIGUE

L'avantage d'être manchot ou cul-de-jatte, c'est qu'on n'entend jamais cette phrase : « Ça va s'arranger. »

ENNUI

Conversation sur les drames de l'Orient. Un monsieur savant se prend à pérorer que le conflit entre les Libanais et les Syriens s'explique de la manière la plus simple. « Les premiers détiennent les réserves d'eau, les seconds ont besoin de ces ressources », dit-il. Et d'ajouter : « Il ne faut pas chercher plus loin. » Les gens qui prononcent cette phrase, en général, sont ceux qui n'ont jamais trouvé grand-chose.

LE NATUREL

Dans ses entretiens avec Robert Mallet, Paul Léautaud ne cesse de proclamer qu'en matière de littérature il ne croit qu'au style naturel, direct, spontané. Pour lui, un beau texte est écrit du premier jet, sans relecture, sans travail, sans préoccupation de « faire beau ». Il va jusqu'à affirmer que tout travail artistique est gâté si l'on revient dessus pour le peaufiner. Dire que j'ai dû m'y reprendre à trois fois pour écrire cette phrase !

LA FIN DU MONDE DES LETTRES

La photo publiée le mois dernier du petit enfant syrien échoué sur une plage de Grèce était insoutenable. Elle a déclenché un extraordinaire mouvement de compassion en Europe (pas au Qatar, ni en Oman, ni en Jordanie, ni en Arabie Saoudite). Elle a retourné l'opinion. Elle a ému chaque foyer. Elle a précipité les décisions des dirigeants de l'Union européenne en matière de politique d'accueil des réfugiés qui fuient les exactions de l'État islamique. Elle a accéléré le cours des choses.

Voilà plus d'une année que des malheureux embarquent sur des esquifs pour échapper aux musulmans radicaux de Daech. Souvent, ils se retournent, tombent à l'eau, se noient. On retrouve des corps naufragés sur les plages d'Europe depuis des mois. Les journaux le disent, les reporters l'écrivent, des témoins s'expriment. Le prix Goncourt de la nouvelle a même été décerné cette année à l'écrivain Patrice Franceschi pour un recueil dans lequel il raconte l'une de ces scènes (*Première personne du singulier*). Seulement, nous sommes entrés dans une époque soumise au seul impact de l'image. Le texte imprimé n'influe plus aujourd'hui sur quoi que ce soit. Vous aurez beau décrire l'horreur avec des mots, cela ne suffira pas tant qu'une photo n'aura pas confirmé ce que vous avancez. Un texte, un discours, une lettre, un bon mot, ne pèseront plus jamais rien dans la marche du monde. Il n'y aura plus d'appel du 18 Juin ou de discours de Churchill pour influer sur l'Histoire. Ce sont les écrans qui commandent, les photos qui font l'Histoire, les images qui priment.

LA FIN DU MONDE RURAL

Henri Mendras avait écrit dans les années 1960 un livre qui avait fait grand bruit : *La Fin des paysans*. Naturellement, les bataillons disciplinés des progressistes (ces gens qui ne varient *jamais* dans leur adoration du *changement*) s'étaient récriés que l'ouvrage puait le pétainisme campagnard et la nostalgie rurale. Aujourd'hui, quand on se promène dans la campagne française, on contemple quatre formes de ruralité. 1) Une ruralité abandonnée : des ruines de fermes, des restanques envahies de ronces, des chemins oubliés. 2) Une ruralité recréée : les expériences sympathiques des néo-ruraux connectés et modernes qui tentent de faire revivre les ruines en surfant sur les technologies et les nouvelles pratiques de consommation. 3) Une ruralité exotique : les arpents de territoire français où est recréée une France muséographiée pour touristes anglais, belges et chinois. Par exemple, en Provence, on traversera des villages « lavande & cigales », charmants et vidés de leur peuple originel. 4) Une ruralité maintenue : des agriculteurs abandonnés par l'État, l'Europe, l'Histoire. Ils sont en minorité, dans un pays où la quasi-totalité du paysage a été façonnée par la paysannerie. Certains exploitent industriellement des champs de blé, de lavande ou des vignes ; ils survivent. D'autres périclitent dans de petites exploitations à peine viables. Beaucoup se suicident. Tous s'aperçoivent que la paysannerie ne s'est jamais relevée des chocs subis depuis deux siècles : la révolution industrielle, la guerre de 14, l'industrialisation des Trente Glorieuses, le mitage pavillonnaire. Et, aujourd'hui, le pire des coups arrive : l'indifférence totale d'une population « urbaine, mobile et connectée », pour reprendre les termes du dernier rapport sur l'hyper-ruralité.

AOÛT 2015 : NOTRE-DAME DU BON SECOURS

On découvre trop tard ce qu'on a sous les yeux. La vie passe, on ne remarque pas l'évidence.

J'avais habité pendant dix ans devant l'église Saint-Séverin dans le Ve arrondissement de Paris. Saint-Séverin : la sophistication du gothique, l'église qui ravissait Huysmans, où Cioran venait rafraîchir son désespoir, où furent célébrées les obsèques de Bernanos, de Florence Arthaud récemment…

La cathédrale Notre-Dame de Paris s'élève, à quelques centaines de mètres à l'est, sur l'île de la Cité. Au néolithique, on traversait le bras de la Seine en pirogue. On a retrouvé des vestiges de ces embarcations près de Bercy. Aujourd'hui, il y a des ponts. L'un d'eux dessert le parvis. Et moi, pauvre aveugle, je l'empruntais chaque jour, passais au pied du monument sans daigner lever les yeux vers la galerie des rois mutilés, sans regarder les tours, sans brûler de monter au sommet.

Le Parisien ne va pas au Louvre, le Moscovite ignore le musée Pouchkine, les Madrilènes négligent le Prado. Puis chacun court le monde, pour se jeter dans des musées lointains. Voyager est absurde.

Il m'a fallu un accident pour prendre soin de ce dont je disposais par-devers moi. L'année avait été rude. Les malheurs s'étaient abattus sur ma famille. Parfois, je me demandais ce que nous avions fait aux dieux. Puis ma mère était morte et moi, j'étais tombé d'une fenêtre. Je ne sais pas trop comment les choses étaient arrivées. Je m'étais réveillé en morceaux dans un lit d'hôpital et j'avais passé près de quatre mois allongé dans un corset. La médecine de pointe, la sollicitude des infirmières de la Pitié (ce mot n'est pas dangereux), l'amour de mes proches, la sainteté d'un être chéri, la lecture de bons romans, tout cela m'avait sauvé. Et je m'étais relevé, capable de marcher. Il fallait remuscler la carcasse et les médecins me conseillaient de l'exercice. « Rééducation », disaient-ils. Je n'aimais pas ce mot, il me faisait penser aux méthodes du Politburo soviétique. La perspective de passer des heures dans une salle de sport me démoralisait, et je considérai soudain qu'à une encablure de mon appartement il y avait la cathédrale. Le gros vaisseau de pierre était là, encalminé sur l'île. Je n'avais qu'à monter en haut de ses tours pour retrouver mes forces.

Chaque matin, je quittais mon domicile à petits pas. Je descendais les escaliers de l'immeuble, marchais précautionneusement à travers le square de Saint-Julien-le-Pauvre. J'étais devenu un vieux monsieur, j'avais pris cinquante ans en 10 mètres. Je traversais la Seine et gagnais le guichet de l'entrée des tours, sur le flanc nord de la cathédrale, dans la rue du Cloître-Notre-Dame. Il était dix heures du matin, les visites commençaient. J'avais enfin réussi à rythmer mes journées d'une promenade à heure fixe. Je me conformais en cela au principe de Kant (à défaut de savoir philosopher, j'imitais sa pratique de vie). Heine raconte que le philosophe allemand, chaque jour à la même heure, quittait son cabinet de travail et marchait le long d'un trajet immuable. Kant enseignait par là que le rendez-vous avec des habitudes innocentes féconde la vie. La journée est marquée par un battement d'horloge, on se satisfait d'honorer un acte anodin. Le temps se structure, se construit. Mon rendez-vous avec les tours de Notre-Dame était le signe que la journée se passerait bien.

Je saluais les gardiens. L'institution des Bâtiments de France, à qui j'avais écrit une lettre, m'avait gratifié d'un laissez-passer. Je pouvais couper la file, je commençais ma lente montée. Il y a quatre cent cinquante marches pour arriver au sommet de la tour sud. On s'élève d'abord à mi-hauteur de la tour nord, on traverse la coursive de la façade, au-dessus de la rosace occidentale, et on rejoint la tour sud pour poursuivre l'ascension au sommet.

Les premiers jours, ce fut l'Himalaya. Mes poumons n'avalaient pas assez d'air, mes jambes flageolaient, le dos grinçait, le cœur s'emballait. J'allais lentement, la main sur la rambarde de métal. Cinq mois auparavant, j'étais tombé sur mon ombre, mon corps était déchu. Je le montais vers le ciel pour le fortifier.

Au début, je fus gêné de ralentir les visiteurs. Ils piétinaient derrière moi. Ils ne pouvaient me doubler dans l'escalier à vis. Ils étaient venus du Japon, du

Chili, d'Australie. Ils avaient traversé la Terre pour admirer Notre-Dame, pour voir Paris de haut, pour prier peut-être ?

J'avais passé ma vie à courir les montagnes, à me dépenser sans compter, et voilà qu'à quarante-deux ans j'étais à la peine dans un escalier. Une vie sur la route pour en arriver là ! Je me sentais affreusement mélancolique. Ces escaliers, je les considérerai toujours comme l'expression la plus radicale de la sanction du destin. Chaque marche sonnait le rappel : on ne doit pas disposer légèrement de sa vie.

L'escalier à vis me frappait. Il permettait de s'élever en tournant sur soi-même. Je gagnais les degrés sans conquérir un pouce sur le plan euclidien. Dans l'escalier droit, c'est le contraire : on monte devant soi, projeté de quelques mètres dans l'espace. Toute spirale possède valeur d'espoir – un espoir plus grec que chrétien. L'espoir chrétien nous conduit droit vers l'avenir et la fin du chemin débouche dans la lumière. La spirale du colimaçon, elle, recompose son permanent retour. L'éternel retour est dans l'escalier à vis. Tout visiteur de Notre-Dame tient du derviche tourneur.

Je pensais au génie de ces architectes qui inventèrent le colimaçon. Avaient-ils observé la nature pour mettre au point leur trouvaille ? S'étaient-ils inspirés de la graine de tilleul tombant de la branche en tournicotant ? Avaient-ils été influencés par la coquille de l'escargot ? Peut-être avaient-ils tenu à incarner un symbole, car la spirale recèle une dimension métaphysique. Toute méditation a la forme d'une spirale : la pensée tourne sur elle-même, s'enfonce lentement dans les tréfonds psychiques.

Dans l'escalier régnait la fraîcheur. L'odeur de la pierre, aqueuse, métallique, n'avait probablement pas changé depuis le XIIe siècle, date de la construction de Notre-Dame. Cette senteur de fleur morte, je l'ai sentie souvent dans les grottes karstiques où je bivouaquais au milieu des calanques de Cassis. Aujourd'hui, les chrétiens aiment à prier dans les cryptes. Ils s'imaginent dans les catacombes où se cachaient les premiers adorateurs du stoïcien crucifié. Je crois à la mémoire des pierres. Elles absorbent l'écho des conversations, des pensées. Elles incorporent l'odeur des hommes. Les pierres sauvages des grottes et les pierres sages des églises rayonnent d'une force mantique. On est toujours saisi quand on pénètre sous une voûte de pierre qui a abrité les hommes.

Je tournais dans la vis. J'avais le temps de détailler les fossiles incrustés dans les murs. Les moellons calcaires de Notre-Dame sont truffés d'animalcules du crétacé. Paris est fait de calcaire fossilifère, la ville s'élève sur des coquillages. Ô vanité des hommes qui ont construit l'un des édifices les plus imposants du monothéisme avec de petits escargots.

Puis l'escalier s'ouvrait sur la coursive qui relie les deux tours, et c'était l'explosion de lumière. Pas celle des abstractions, mais celle du soleil. Je recevais chaque fois sa caresse comme une bénédiction et toujours, au moindre rayon, me revenait la confidence de Mgr Gollnisch, patron de l'Œuvre d'Orient. Il m'avait avoué ceci, à voix basse, dans un camp de réfugiés zoroastriens en Irak : « Si je n'avais pas été chrétien, je serais devenu adorateur du Soleil. » Notre-Dame est une cathédrale du Christ, mais – chevet au levant et tours au couchant – elle est également un temple solaire.

Chaque jour, Paris changeait. Le ciel imprimait d'imperceptibles nuances sur la ville. Paris prend mieux la lumière d'orage que la clarté d'azur. Tout ciel tragique grandit une ville. La capitale repose « sous le commandement des tours de Notre-Dame », comme l'écrivait Péguy à la fin des « Sept contre Paris ». Et les collines énumérées sous la plume du poète des *Tapisseries* se dessinaient, ondulant leurs molles élévations dans l'horizon. Le mont Valérien, Montmartre et Saint-Cloud moutonnaient au loin. Paris est une petite ville, un Diên Biên Phu en paix. Elle étend sa marée de zinc dans le creux de sa cuvette pendant que les éminences montent la garde.

En bas, sur le parvis, il y avait le spectacle des hommes. Haussmann avait dégagé la place pour assainir Paris, pour la commodité des manœuvres militaires et pour que les mioches puissent effrayer les pigeons en courant dans le tas. Plus tard, devenus vieux, ils les nourriraient, assis sur un banc. La vie consiste à cela : réparer ses péchés de jeunesse.

Je renonçai à compter le nombre de flèches d'église qui piquetaient la ville. Elles étaient plantées comme des banderilles dans les toits. Je me souvenais d'un récent débat national : nos hommes politiques avaient légiféré pour interdire que l'on dispose des crèches de Noël dans les mairies. Les flèches de la France chrétienne, elles, étaient encore debout. Les arracherait-on un jour pour satisfaire au principe de laïcité ? On faisait l'effort d'oublier que le pays avait des racines. Il restait les croix dans le ciel.

Je passais de longs moments à caresser les gargouilles. Mon accident m'avait affligé d'une paralysie faciale, mon visage avait subi un glissement de terrain. Je promenais une face grimaçante. Les gargouilles me consolaient de la disgrâce. Elles se tenaient, scellées sur les parapets, et contemplaient Paris avec leurs gueules de monstres.

C'étaient les dogmes du XVIIe siècle qui m'affectaient. L'âge classique avait imposé en Europe ses canons esthétiques. On s'était persuadé que la beauté résidait dans la symétrie. Seule la déconstruction cubiste, au début du XXe siècle, avait corrigé l'impératif d'équilibre formel. Les portraits de Picasso consolaient les sujets atteints de paralysie faciale. Les premiers signifiaient aux seconds que la laideur peut irradier une force.

Si j'avais vécu dans le Paris gothique, dans la ville médiévale imperméable à l'obligation de symétrie, familière des dragons, des tarasques et des rêves de Bosch, mon hémiplégie faciale serait passée inaperçue.

Penser à Quasimodo, ici, sous le beffroi, me rassurait : même un monstre a le droit à l'amour. Barbey d'Aurevilly, après Hugo, en avait fait le sujet d'un roman. Le prêtre de *L'Ensorcelée*, défiguré par la variole, séduisait une paroissienne normande. Rien n'était perdu, me susurraient les gargouilles : toute bête a sa belle.

Les gargouilles avaient été dessinées par Viollet-le-Duc. Elles surveillaient les Parisiens depuis un siècle et demi. Elles assistaient au retour des ivrognes en pleine nuit, aux baisers clandestins des amants de l'aube, aux cavalcades des voyous et des flics. Elles étaient la mémoire de la ville. Elles ne quittaient jamais leurs loges, et je les comprenais. Lorsqu'on a élu domicile dans les hauteurs, on se passe bien vite de l'envie de traîner dans la vallée.

La cloche sonnait. Les vantaux des tours abattaient les tintements. Une averse de métal tombait sur Paris. L'an passé, on avait hissé de nouvelles cloches pour tenir compagnie au bourdon *Emmanuel*, seule pièce épargnée par les ravages de la Révolution. La cathédrale avait subi la Terreur. Les révolutionnaires avaient infligé à l'édifice ce que Sade réservait aux jeunes personnes. Ils l'avaient mutilé, dégradé. Pendant ces journées sous le commandement des tours, j'étais allé entendre une conférence de Michel Zink, au musée du Moyen Âge. Nous l'écoutions dans une salle où sont disposés les vestiges des rois de Notre-Dame. «Voyez-vous, avait-il dit, les statues ont été vandalisées par des hommes qui faisaient ce que les islamistes de Daech font aujourd'hui. » Et nous avions pensé : « Parfois ces gens triomphent, peut-être qu'un jour Daech sera au pouvoir »...

Le glas avait sonné cette année à plusieurs reprises pour commémorer des drames nationaux ou lointains : lors de la tuerie de *Charlie Hebdo* ou de l'assassinat des coptes par les musulmans fanatiques. L'agent de sécurité qui me faisait visiter le beffroi sud avait prononcé cette phrase en me montrant les vases de bronze : «L'un est nommé Marie et l'autre Emmanuel. » À force de vivre dans la cathédrale et de croiser le fantôme de Victor Hugo dans les coursives, il s'exprimait en alexandrins ! Je lui avais demandé pour qui allait encore sonner le glas. Depuis six mois, un faisceau de catastrophes convergeait dans le monde avec une fréquence convulsive. « On va encore beaucoup l'entendre », m'avait-il glissé. On gagne à s'avouer pessimiste, c'est le moyen d'être prophétique.

Je traversais la coursive de la façade vers la tour sud. Il fallait slalomer entre les touristes. J'observais les visiteurs de Notre-Dame. Tous prenaient des photos, des millions de photos, sans discontinuer. Pas un ne regardait Paris de son œil. Ils brandissaient un écran entre le monde et eux. Y avait-il encore la place pour l'éclosion d'un souvenir, d'une pensée ? Ces gens devaient gober les discours sur la « réalité augmentée » ânonnés par les marchands de gadgets. Ce *bluff technologique*, comme le disait Jacques Ellul, me rendait triste. Il siphonnait la joie de vivre, il asséchait la fantaisie, le mystère de l'homme et sa poésie vive. De quoi avaient-ils peur, ces braves visiteurs, pour s'abriter derrière leurs blindages portatifs ? Ils ne parlaient pas. Ils ne riaient pas. Ils faisaient sagement fonctionner leurs trucs. La technique avait été inventée pour servir l'homme. La technologie le disciplinait, le mettait au service des appareils. L'homme était devenu l'employé de ses propres outils.

Nous étions de plus en plus nombreux à développer une allergie spirituelle à ces illusions virtuelles. Bientôt, nous nous réfugierions dans les bois. Nous serions liés aux bêtes, aux forêts, à l'amitié, à nos morts, à nos livres. Nous serions déliés des machines.

Nous couperions le bois, viderions des seaux de vin, ferions l'amour, lirions des poèmes. Et nous serions vivants parce que déconnectés.

Je saluais les gardiens. Une jeune fille aux cheveux noirs ressemblait à Esméralda. Était-ce un critère des *Bâtiments de France* pour recruter son personnel ? J'imaginais une annonce à Pôle Emploi : « Cherchons jeune fille esméraldienne pour garder les tours de Notre-Dame. » Au sommet de la tour sud, j'avais discuté avec une autre gardienne. Elle avait travaillé au musée Gustave-Moreau. À présent, elle veillait les gargouilles. Nous avions parlé de Huysmans, de Salomé, de la poésie décadente, et je lui avais demandé si elle préférait passer sa journée à veiller sur le ciel. Un jeune surveillant lisait *Crime et Châtiment*. Je trouvais inquiétant qu'un agent de sécurité passe ses journées auprès de Raskolnikov. Un jour, une perruche s'était posée là-haut. Elle s'était sans doute échappée des cages d'oiseleurs du quai de la Mégisserie et respirait l'air frais sur la tête d'une gargouille. C'était la visite du perroquet de Flaubert que la bonne Félicité prenait pour le Saint-Esprit.

Chaque jour je sentais les forces revenir. Il y avait quelque chose d'alchimique dans ces heures d'exercice. Comme si le mystère, la puissance de Notre-Dame, pulsaient dans mes chairs. À présent, je suis remis, je marche droit et je salue toujours les tours de Notre-Dame quand je flâne à leur pied. Je leur rends bien modestement par ces lignes le bienfait qu'elles m'offrirent.

À LA FIN DE L'ÉTÉ 2015

JOUER AVEC LE FEU

Émacié avec des yeux ardents, les cheveux longs et le teint pâle. Gros, fier de lui, l'œil lubrique et le sourire frappé au coin de la méchanceté. Petit, rusé comme un renard du désert, le poil dru et l'œil inquiet. Flasque, sans traits saillants, l'air absent, sorte d'ectoplasme sans formes ni contours. Taurin, le muscle neptunien et le regard de braise. C'était notre jeu « livrons-nous à quelques caricatures de prophètes ».

CRITIQUER LES BANQUIERS

L'autre jour, je croise un banquier, je lui annonce que je pars en voyage. Le type me lâche : « Profitez bien ! » Ils ne peuvent pas s'en empêcher.

RELATIVISER LES CHOSES

À présent, quand un malheur me frappe, j'utilise une pratique de consolation que j'ai mise au point. Il s'agit de passer toute chose au triple crible de l'Histoire, de la géographie et de la biologie, ou, pour dire les choses autrement, de regarder les événements selon la perspective de la longue durée, de l'immensité et du vivant. On gagnera beaucoup à toujours se rappeler que les souffrances qu'on éprouve, cent milliards d'êtres humains (c'est le nombre d'*Homo sapiens* passés sur la Terre) ont pu les ressentir avant nous, et que sept milliards sont menacés aussi de les connaître en ce moment, et que, surtout, des milliards d'insectes, de mammifères et d'oiseaux les vivent en permanence dans l'indifférence générale. On ne séchera pas vraiment ses larmes avec de telles pensées, mais au moins tiendra-t-on un peu à distance le désespoir pour quelques heures !

RÂLER CONTRE LES RÂLEURS

Ils me fatiguent, les nostalgiques de la grandeur de l'Occident. Ils pleurnichent, ils se plaignent que les feux de la suprématie européenne sont en train de s'éteindre. Mais ceux-là mêmes qui déplorent sans cesse le recul de notre puissance ne se précipitent jamais pour en applaudir les dernières manifestations. Les voit-on dans les théâtres et dans les librairies, ces mélancoliques ? Déjà, en 1900, Remy de Gourmont s'exaspérait que la bande de Déroulède s'excitât en permanence contre l'Allemagne et brandît un patriotisme revanchard sans jamais lire un livre, sans saluer une exposition ni s'intéresser aux nouvelles formes d'art qui balbutiaient en ces temps précubistes.

DEVENIR UN VIEUX CON

Dès que je vois un mec « ultra-connecté », je lui trouve l'air absent. Et dès que j'entends une fille me dire « Y a pas de souci », j'entends Malherbe et son « Beauté, mon beau souci »…

LA CONTRITION

Le mouvement de recomposition idéologique à l'œuvre ces derniers temps est fascinant. Un mouvement ? Un basculement, même ! Les intellectuels se découvrent des penchants qu'ils combattaient récemment. Les uns professaient « la fin de l'Histoire » et s'aperçoivent que c'est la *fête* qui est terminée. Les autres qui refusaient de penser que les civilisations puissent se déchirer assistent à leur choc. Ceux-là qui ne croyaient qu'au mouvement, à l'accroissement de toute chose, disent soudain que les racines fécondent l'homme et que les limites le définissent. Les mines se font graves, on rigole moins. Mais ces esprits qui ont le reniement louable et la pensée mouvante négligent une chose. Aucun ne pratique cette vertu monastique : la contrition. Ils gagneraient beaucoup pourtant, ces contorsionnistes, à avouer combien ils se sont plantés. Mélenchon exprime son admiration au pape après avoir joué les Ravachol ; il rêve à la révolution après avoir joui des délices du pouvoir. D'autres pavoisent leur balcon de drapeaux après avoir tenu le patriotisme pour une maladie sénile. Et pas un mot, pas une excuse ni un repentir ! Ce toupet ! Quel dommage que la beauté des retournements soit entachée par l'absence de remords.

L'INVERSION

On devait s'amuser au Moyen Âge. L'Église, une fois l'an, encourageait le peuple à singer un office religieux. Cela s'appelait la fête de l'Âne. On inversait les vérités, on chamboulait les codes. Des acteurs s'affublaient de défroques de curé, ils poussaient des braiments, imitant les saintes pompes. C'était la foire, le carnaval et, le lendemain, tout revenait dans l'ordre. On devrait réhabiliter ce charivari pour calmer les nerfs des Français. On imaginerait ce programme :

1) Le président de la Turquie serait invité en Europe et se vengerait de Lépante en crachant son mépris à ses hôtes. Puis il dévoilerait sa définition du terrorisme consistant à préférer un barbare (islamiste) à un opposant (kurde).

2) Les autorités françaises traiteraient en interlocuteurs fréquentables des princes saoudiens et qataris, promoteurs de régimes arriérés, dirigeants moins nobles que leurs ancêtres bédouins décrits par Wilfred Thesiger.

3) Les Européens se récrieraient de voir le maître du Kremlin se décider à faire ce à quoi ils ne parvenaient pas : agir contre l'État islamique.

Ainsi revivifierait-on les sabbats médiévaux. Le lendemain, on rétablirait le calme. Enfer ! Mon programme est à l'eau. Tout a déjà eu lieu. Tout est déjà en cours !

LA SUPPLICATION

Les jurés du Nobel font des prouesses. L'an passé, ils couronnaient Modiano, dont les personnages chuchotent des choses dont ils ne sont pas sûrs ; cette année, c'est Svetlana Alexievitch, porte-voix des martyrs de l'Histoire. Devenue une babouchka, la Biélorusse aura-t-elle la force de nous donner un autre livre ? Il y aurait une deuxième *Supplication* à écrire : celle des victimes de l'islamisme. Rien que les yazidis en fourniraient un chapitre, eux dont le martyre semble être porté à l'incandescence. Pourtant, ces héritiers des zoroastriens prient le seul dieu indubitable, celui dont nous jouissons chaque jour, qui pulse ses bienfaits dans chaque parcelle du vivant – du lichen à l'éléphant –, celui qui ne nous impose rien d'autre que l'impératif, parfois, de trouver un peu d'ombrage : le Soleil.

LES PROPOSITIONS

Après les attentats du 13 novembre, voici quelques modestes propositions pour passer un dimanche anti-Daech.

Commencer la journée par *une matinée d'amour pur*. L'assortir de longues heures de silence. Le silence habille mieux le deuil et la colère que le brouhaha du commentaire.

Se précipiter au cinéma pour voir *L'Idiot !* de Yuri Bykov : un technicien russe essaie d'alerter ses concitoyens qu'un immeuble va s'effondrer, faute d'entretien. Personne ne l'écoute, ni les fonctionnaires corrompus de la mairie ni les habitants du HLM qui risquent l'ensevelissement. Personne n'a envie que Cassandre trouble la fête en cours. La fête est le nom poli qu'on donne à l'hébétude. On finira par tuer celui qui supplie ses pairs d'ouvrir les yeux.

Aller le soir à l'Opéra voir l'incomparable *Bayadère* dans la chorégraphie de Noureev. Les rats de l'Opéra dansent au pays des cobras. C'était le temps où l'Occident inventait l'orientalisme. L'islam, lui, trop occupé à se réfléchir dans le miroir sans tain de sa propre âme, n'inventa pas l'« occidentalisme ».

Se coucher en lisant quelques pages d'un livre. Si l'on choisit *Paris est une fête* (que les lecteurs s'arrachent dans les librairies depuis le 13 novembre), ne pas oublier qu'Hemingway a écrit aussi *En avoir ou pas*.

Éteindre la lumière en pensant que Paris n'est pas qu'une fête, mais aussi une catacombe, une enceinte, une place d'armes, un cimetière, une enfilade de théâtres et de musées hérissée d'églises.

Rêver, peut-être.

2015 : À LA SAINT-SYLVESTRE

BILAN DE MON HISTOIRE

Il est utile le soir de la Saint-Sylvestre de tirer le bilan de l'année écoulée. Pas de méprise ! Il ne s'agit pas de dérouler la liste des horreurs dont l'actualité nous gratifie ; pour cela, il y a les journaux. En 2015, nous aurons encore été affligés d'une année où l'homme se sera illustré dans sa nocivité. Le bilan dont je parle est celui des lectures, des œuvres d'art et des paysages qui traversent la vie d'un homme. Seules ces rencontres donnent l'envie qu'une autre année succède à celle qui vient de mourir. Voici donc, en forme d'inventaire, un peu des aliments de mon année 2015.

Vu la fresque *Bacchus* de Delacroix, exposée dans l'atelier du maître, place de Furstenberg (Paris VIᵉ). On y voit Bacchus servant une coupe de vin à un tigre sous les grappes d'une tonnelle. Les dieux et les bêtes, sans les hommes : une vision du Paradis !

Écouté jusqu'à l'envoûtement la chanson *Opium, fumée de rêve*, composée dans les années 1930 et entonnée par les soldats de l'infanterie de marine. Anouk Aïata, artiste à la voix de pythie, a repris ce chant dont l'un des couplets a des accents magnifiquement lugubres :

> *Puisqu'on dit que le bonheur*
> *N'existe pas sur la Terre*
> *Que l'aile de nos chimères*
> *Puisse nous conduire ailleurs.*

On croirait des paroles de Thomas De Quincey, le mangeur d'opium du XIXᵉ siècle.

Passé l'année à lire le traité de Philostrate sur la gymnastique. Écrit au IIIᵉ siècle de notre ère, l'étude est sous-titrée « Santé, beauté... la guerre ». J'y ai tiré tous les principes nécessaires à la rééducation physique que je menais après un pépin de santé et notamment ceci : « La santé existe quand les fonctions sont en accord avec la nature. » Vite, quittons les villes !

Ai eu la chance de rencontrer un phasme sur le calcaire des calanques de Marseille. Le seul animal qui ressemble à l'arbre au lieu d'en descendre. Il a la sagesse de vivre préoccupé d'une seule chose : se cacher.

Ai beaucoup médité ce *Proverbe de l'enfer* de William Blake : « L'exubérance est beauté. » D'accord avec lui chaque fois que je lis Huysmans, que je vais au musée Gustave-Moreau ou à l'opéra baroque. Mais pas d'accord le soir où je me suis retrouvé dans l'austérité grandiose des complies du monastère de Ganagobie, au-dessus des eaux de la Durance.

Ai contemplé l'aiguille Noire de Peuterey depuis le refuge Monzino, en Italie. Quelle ligne vers le ciel ! On aurait cru l'encéphalogramme du mont Blanc. Le glacier craquait et je me disais que nous autres, enfants du XXIe siècle, n'avions pas de chance : les glaciers fondent, la forêt tropicale recule, les espèces disparaissent, les mammifères marins se retirent. Seuls se répandent les hommes et l'idée du Dieu unique.

Ai regardé se coucher le soleil depuis la grotte des Émigrés, dans les falaises de grès entre La Ciotat et Cassis. La grotte servit de refuge à des familles seigneuriales persécutées par les hyènes de la Terreur révolutionnaire. Quel dommage que Barbey d'Aurevilly n'ait pas eu d'origines provençales pour nous donner le roman des refuzniks du cap Canaille !

Ai appris de la bouche de l'apnéiste Aurore Asso qu'Amundsen avait emporté trois mille livres dans les cales de son bateau pour distraire les hommes d'équipage pendant leur hivernage en Antarctique. Ah ! des marins européens de 1913 lisant Ibsen, Shakespeare et Montaigne dans les glaces, cela devait avoir une autre gueule que des techniciens globalisés bricolant leur drone sur Skype.

Ai croisé des réalisateurs de films qui ne jurent que par les drones, la GoPro, la HD, persuadés que l'équipement technique augmentera la valeur de leurs films. Ils semblent ne pas se souvenir que *Les Visiteurs du soir*, *La Règle du jeu* et *Stromboli* sont restés dans nos mémoires non pas en vertu de la qualité de l'image, mais grâce à leur substance, leur beauté, leur profondeur. Les victimes de l'esbroufe technologique me font penser à ce romancier qui irait s'acheter un stylo-plume en or massif en vue d'écrire un chef-d'œuvre. Nous autres, pauvres ringards, préférons encore la haute vertu du talent artistique à la haute définition des images.

JANVIER 2016

AU MOMENT DES VŒUX

Inspiré par ces artistes dont j'étudie avec admiration le rapport souverain avec le temps (ils n'étaient pas soumis à l'urgence), j'enverrai mes bons vœux l'année prochaine. Après avoir combattu dans les tranchées, Otto Dix attendit une dizaine d'années avant de donner ses visions de la Première Guerre mondiale. Patrick Leigh Fermor écrivit le récit de son voyage à travers l'Europe des années 1930 quarante ans après l'avoir accompli. Nicolas de Staël, revenant de Sicile, laissa passer des mois avant de composer ses premiers dessins de femmes. En permettant au souvenir de se sédimenter, ces maîtres usaient d'un principe géologique. Une fois la matière bonifiée, ils passaient à l'acte, c'est-à-dire à l'œuvre. Le genre de types à balancer leur tweet deux ans après l'avoir écrit.

À L'ÉPIPHANIE

Notre président l'a martelé, avec courage, passion, le lendemain de la tuerie du Bataclan et lors de ses vœux aux Français. « La France est en guerre » et « La République détruira le terrorisme ». C'est la splendeur du spectacle politique. Pressés par les événements, les hommes se métempsychosent, quittent leurs hardes pour de nouveaux habits. Quiconque a assisté un jour à la mue d'un serpent (spectacle mythologique) possède un bon aperçu du destin des politiques. Les bêtes comme les hommes retrouvent vigueur en se débarrassant de leur vieille peau. Quel pincement que François Hollande ne soit plus aussi aimable, drôle et chattemite qu'autrefois. En un an, il s'est mis à penser comme Clausewitz, à trancher comme le terrifiant Carl Schmitt ! À la télévision, il a même fini par acquérir la raideur de torse du maréchal de Lattre passant en revue les troupes. Donc, c'est la guerre. Instruit par les propos du chef des armées, nous consacrons l'Épiphanie à lire *De la guerre* de Clausewitz. Et découvrons, plein d'angoisse, que le Prussien s'obsédait à répéter que la guerre n'était qu'un moyen. Et qu'« un moyen sans but ne se concevait pas ». Qu'il fallait un objectif *politique* pour que la guerre prît son sens. Le président s'est révélé parfait technicien de l'urgence, il a montré sa hauteur, son énergie pour mettre en œuvre les *moyens* de la défense. Saura-t-il désigner le but, dire pour *quoi* nous menons la guerre ? Désignera-t-il une cause commune moins abstraite que ce « nos valeurs » auquel il recourt ?

LE JOUR DE LA MORT DE MICHEL TOURNIER

La meilleure manière de rendre hommage à un artiste qui aimait l'image des enfants juchés sur l'épaule des adultes et les anges porteurs de lumières christiques ou lucifériques, c'est de le lire, *of course*, et de le porter à notre tour... dans la mémoire.

L'horreur des événements de Cologne. Vu à la une de *Libération* cette phrase « ... des bandes criminelles *d'origine immigrée* ». En une de *Libé* ! C'est à cela que l'on s'aperçoit que le monde a changé. Ayant été élevé dans l'idée jankélévitchienne que la vertu, la bonté, s'appliquaient en elles et pour elles seules et se trouvaient affranchies de leur destination, je ne crois pas qu'un migrant de Méditerranée mérite davantage de compassion qu'une femme abusée sur la place d'une ville. Ni qu'un enfant noyé de Syrie, des Moluques ou d'ailleurs, relève d'une essence plus précieuse qu'un enfant népalais enseveli sous les décombres d'un séisme oublié. Le penser serait considérer hiérarchiquement la valeur des victimes. Il semblerait pourtant qu'une partie de la classe politique ait décidé d'opérer sa propre gradation sur l'échelle de la pitié. C'est une nouvelle appli médiatique qu'on pourrait appeler le « compassionomètre ». En son sommet se relaient, au gré des vagues de l'événement et des intérêts du moment, certaines catégories d'êtres en souffrance.

À LA FIN DU MOIS

« Ne cultivent l'aphorisme que ceux qui ont connu la peur au milieu des mots, cette peur de crouler avec tous les mots », avouait Cioran dans ses *Syllogismes de l'amertume*. Quand point la fin du mois, et la peur de l'ensevelissement, le meilleur remède est de jeter des aphorismes pour conjurer toute angoisse. Ma fournée du mois :

Je n'ai jamais pu aller au bout de moi-même, par peur du vide.

L'ombre, mélancolie de l'arbre.

Peau d'âme : personnage de conte ultra-sensible.

L'évaporation : dernier soupir de l'eau mourante.

L'Autre est le nom agréable que l'on donne aujourd'hui à celui qui nous gêne.

Le corbeau passe, souci sur le front du ciel.

Importance de l'intendance dans les armées : « Qui veut la paix prépare la soupe. »

Ne pas dire aux migrants : « On cherche une solution, ne bougez pas. »

Richard III, s'il était resté dans son château : « mon royaume par la fenêtre ».

Concile d'évêques : gens triés sur le violet.

L'homme n'est que poussière, c'est dire l'importance du tapis de prière.

La noblesse des bêtes, la dignité des arbres, la gravité des pierres, la certitude de l'eau et les grimaces de l'homme.

Tout paysage se jette par la fenêtre.

Le vent dans les sapins ronfle comme un feu de bois.

Même quand un pays coule, son drapeau flotte.

Ce xénophobe schizophrène n'aimait que l'autre partie de lui-même.

Longtemps, j'ai lu la première phrase de Proust.

Le nourrisson et le vieil ivrogne s'adressent pareillement aux femmes : « À boire ! »

Ce penseur s'indignait que l'état d'urgence ait été instauré dans la précipitation.

L'araignée dans les ronces est le berger des mûres.

La grotte de Lascaux : n'exposer que dans l'obscurité, cette discrétion des artistes à l'époque !

Tout architecte féru d'histoire devrait commencer par les ruines.

Internet : arme à feu dans les mains d'un enfant.

Héraclite aurait dû aller plus loin.

Je suis tellement réactionnaire que je préfère le début de mes phrases à leur fin.

EFFAREMENT

Les Éditions des Arènes publient sous la direction de Cyrille P. Coutansais un indispensable *Atlas de la mer au XXIe siècle*. Cette somme de travaux a été réalisée par les géographes et les chercheurs du vénérable CESM (Centre d'études stratégiques de la Marine). L'*Atlas* offre le tableau d'un océan devenu en un siècle le décor de la mondialisation. L'expression de *village global* devait depuis longtemps céder la place à celle de « port global ». On découvre dans ces pages que les Terriens continentaux sont devenus les provinciaux d'un monde en flottaison. Nos hommes politiques français, notables enracinés sur leur colline barrésienne et toujours en retard d'un paquebot, mesurent-ils cette liquéfaction de l'Histoire ? Ils seraient inspirés de se plonger dans l'*Atlas* du CESM. On y apprendra que 90 % de ce que nous consommons arrivent par porte-conteneurs : « Pour acheminer un conteneur de Shanghai au Havre sur 8 700 kilomètres, il en coûte le même prix que pour aller du Havre à Paris en camion. » De même, les informations que nous envoyons ou que nous recevons par le Net sont convoyées par des câbles sous-marins (dont les États-Unis ont d'ailleurs piraté les influx). Les soubresauts climatiques éprouvés jusqu'aux déserts de sable dépendent eux aussi des équilibres océaniques. Quant aux ressources en eau douce et en aliments, aux énergies, aux voies de transport : tous les éléments de notre proche avenir se trouvent à la surface ou dans les profondeurs des océans. Bref, « la Terre est bleue » et la récente réécriture de l'histoire de l'humanité globalisée s'écrit avec de l'encre salée. La contrepartie de ces perspectives ? Le risque d'épuiser les ressources halieutiques, de ravager les côtes, d'acidifier les eaux et de réduire la banquise à une peau de chagrin où quelques ours étiques se souviendront tristement des temps homériques où Ulysse n'était pas devenu fou.

GÉNÉROSITÉ

Pour lutter contre la métastase de l'islam radical, je voudrais faire don de mon foie à un djihadiste.

SOULAGEMENT

– Père, je prends le voile.
– Tu rentres dans les ordres ?
– Non, dans l'apiculture.

ARCHÉOLOGIE

Quelques amis à la personnalité hyaline, sous prétexte que je truffe ma conversation de mots rares, m'infligent leurs thrènes. Abrutis de misonéisme, ils ne veulent rien apprendre, ces trilobites ! Parce que je m'encaprice de tournures oubliées, ils s'imaginent que je crée la synchyse. Selon eux, en usant du style comme de la tissuterie, on risque de détorquer. Mais ils me les brisent, ces sycophantes ! La jouissance de la conversation n'est-elle pas de mêler les genres, de réveiller les mots endormis ? C'était le génie de Frédéric Dard que d'instiller les pires saillies de Bérurier dans les strates châtiées de la langue. Ceux qui s'opiniâtrent à suivre les modes, à chercher des lieux nouveaux, à voir le « dernier film » et à s'encombrer de gadgets débiles (*nouvelles technologies*, disent-ils) sont les mêmes qui vous reprochent d'exhumer des mots inconnus. Les mots sont des voyageurs merveilleux. Ils naissent, ils se déplacent, certains connaissent le succès, d'autres ont la vie courte. Ils vivent, ils meurent, ils rendent grand service aux hommes ou bien créent la discorde. Nous nous abonnissons de les ressusciter.

PRÉCAUTION

Je veux bien mourir vieux mais à une condition. Que ce soit d'une chute de cheval en rentrant d'une fête où j'aurais trop bu.

SUICIDE

Et si c'était par misanthropie et non par désespoir que ce suicidé se jeta par la fenêtre ? N'ayant personne sous la main, il s'en prit à lui-même ce soir-là.

DEVISE

« Agir, c'est connaître le repos », écrit Fernando Pessoa dans *Le Livre de l'intranquillité*. Mon Dieu, quelle phrase ! Je l'ai inscrite partout quand mon œil est tombé dessus, le 5 janvier 2016 : sur la glace de ma salle de bains, dans mon calepin, et même sur la plinthe de ma porte d'entrée. Depuis, je la rumine. Se taire, étouffer le débat stérile en soi, ouvrir la porte, partir sur les routes, couper le nœud gordien : voilà l'urgence. Ensuite, il sera temps de se demander si l'on a bien fait. Pessoa président !

LE 6 FÉVRIER

Karen Blixen place en exergue de sa *Ferme africaine* cette injonction (tirée d'un passage du premier livre de *L'Enquête* d'Hérodote sur l'éducation des enfants perses) : « Monter à cheval, tirer à l'arc et dire la vérité. » Nous-même serions bien inspiré de nous inventer une devise à trois termes. La mienne : « Fuir dans la montagne, dormir dans les bois, lire peut-être ? » Celle qu'auraient pu se destiner les hommes des cavernes : « Peindre des bisons, allumer le feu, inventer les mots. » Trente mille ans plus tard, les hommes politiques : « Se présenter, dire n'importe quoi et recommencer. » Les danseuses étoiles : « Vivre dans le gaz, marcher sur des œufs, ne pas grimacer. » Les migrants de 2016 : « Traverser des mers, vivre en terre promise, croire aux promesses. » Les comédiens : « Jouer à être roi, jouer à être gueux et se rhabiller. » Les mahométans belliqueux : « Lire un livre unique, appliquer la lettre, brûler tout le reste. » Le ministre des Affaires étrangères turc : « Prêcher le contraire, tirer son épingle, planter ses poignards. » Les Anglais du Brexit : « Rejoindre l'Europe, en tirer profit, redevenir île. » Les membres de la secte Apple : « Avoir l'Iphone 6, attendre l'Iphone 7, chercher si ça capte. » Les philosophes : « S'explorer soi-même, chercher la sagesse et tout compliquer. » Les lycéens post-réforme : « Aimer, boire et chanter, apprendre a ékrir. » Les ivrognes : « Devenir un prince, inventer les mondes, s'endormir au poste. »

LE 10 FÉVRIER

Le trois-mâts *La Boudeuse* flotte à Paris entre le pont de l'Alma et le pont des Invalides, rive gauche. À bord, le capitaine Patrice Franceschi a mené quinze années d'expéditions sous toutes les latitudes. Aujourd'hui, le navire est ballotté par les Bateaux-Mouches ; il reprendra le large un jour. En attendant, dans le carré, Franceschi reçoit les membres d'un comité de soutien étrange. Le soir, Pascal Bruckner, Laurent Joffrin, Régis Debray et Bernard Kouchner se glissent dans l'entrepont, non pas pour rejoindre les coussins profonds d'une fumerie d'opium mais pour participer à la fondation d'un centre culturel français au Kurdistan syrien. « Nous combattrons l'obscurantisme des islamistes grâce aux lumières de la culture française », dit Franceschi. Dans Paris, les sceptiques grincent : « Est-ce l'urgence ? – Oui ! répond Franceschi. Quand on demandait à Churchill d'amputer le budget de la culture pour l'effort militaire, il répondait : "Pour quoi se battre, alors ?" » Et Franceschi de rappeler que son idée n'a rien d'une lubie mais émane des Kurdes eux-mêmes en la voix de Salih Muslim Mohammed, l'homme fort du Parti de l'union démocratique. Le même Salih Muslim Mohammed, venu à Paris il y a quatre mois, appelait les autorités françaises à une aide militaire et disait dans l'indifférence (presque) générale : « Ne projetez pas de troupes au sol car, *nous sommes* vos troupes au sol. Nous n'envoyons pas de migrants vers l'Europe, nous nous battons pour notre liberté. » Les Kurdes sont en première ligne dans le combat contre l'islam radical. Ils luttent, ils meurent, ne reculent pas. Le centre culturel français de Franceschi au Rojava syrien acquitterait un peu les Européens des leçons de courage qu'ils reçoivent gratuitement de la part des Kurdes.

LE 16 FÉVRIER

Aujourd'hui, je rencontre Paul Veyne, dont les mémoires m'avaient ravi (*Et dans l'éternité je ne m'ennuierai pas*). Enfin un intellectuel doté d'une vie hors les murs, un amoureux des lettres autant que des montagnes, délaissant parfois les abstractions pour jouir de la vie.

Nous parlons du Comtat Venaissin, son pays, et des Dentelles de Montmirail, cette dorsale calcaire plantée dans les terrasses viticoles. L'érosion arrache à la paroi le calcaire qu'elle distribue aux talus, permettant aux viticulteurs de tirer chaque année un peu de sang précieux. Les ingrédients de la bonne vie sont là : la vigne et le vide.

– Il y a au sommet des Dentelles un passage secret nommé la Chambre du Turc, me dit Veyne.

– Oui, professeur ! J'y ai grimpé le mois dernier, c'est une chatière qui permet de passer d'une face à l'autre : du versant Gigondas au versant Beaumes-de-Venise.

– Ce fut le premier endroit où mes lèvres se posèrent sur celles d'une jeune fille. C'est un lieu où l'on ne peut manquer sa conquête, car l'atmosphère y est si somptueuse que les filles succombent immanquablement. J'ai inscrit nos deux noms au Mercurochrome sur les parois.

– Je ne les ai pas vus, répondis-je.

– Non, le Mercurochrome s'est effacé à la première pluie.

– Il fallait utiliser un pigment du magdalénien !

– Ah oui ! dit Veyne, mais je n'avais pas la technique.

C'est le problème de l'hyperspécialisation dans l'Université française. Les philosophes n'ont aucune notion des pratiques paléolithiques qui leur permettraient de laisser une trace pour la postérité.

LE 20 FÉVRIER

Sous les toits de Paris inondés par la pluie, je rencontre non pas le Juif, mais le Khmer *errant*, Sam Rainsy, leader de l'opposition cambodgienne, chef du Parti du sauvetage national. L'homme défend une ligne libérale et pratique une forme de bouddhisme appliqué aux affaires temporelles. Il vient de quitter précipitamment les États-Unis, où le Premier ministre cambodgien Hun Sen était reçu avec les honneurs. Washington sait la valeur stratégique de l'ancien royaume et courtise le gouvernement, fût-il aux mains des anciens communistes. Hun Sen menaçait d'exercer des représailles sur les membres du parti de Rainsy. « Je suis forcé de m'exiler chaque fois que Hun Sen arrive, pourtant, je ne demande rien que des élections transparentes. Je suis sûr de notre victoire : le peuple ne veut plus être dirigé par d'anciens Khmers rouges. » Hun Sen réprime toute opposition et se réfugie derrière une dialectique imparable : « Le désordre mène au chaos, regardez les exemples libyen et syrien. » Personne n'avait prévu que les révoltes arabes serviraient aussi à cela : donner aux dictateurs des batteries d'arguments pour maintenir leur férule.

LE 28 FÉVRIER

À bord d'un autre bâtiment. Grâce au corps des Écrivains de Marine et à l'invitation du commandant, j'embarque à bord d'un sous-marin nucléaire lanceur d'engins avant qu'il ne s'enfonce pour une patrouille de deux mois dans le grand noir de l'océan. Sur le kiosque du bâtiment, le commandant me propose de griller un cigare. Dans dix minutes, nous plongeons. Les embruns, la pluie, le vent sont des forces hostiles liguées contre la combustion de nos petits Montecristo. Des dauphins jouent le long de la coque. Eux, rien ne les dissuade jamais. Nous conversons, le commandant et moi, dans les paquets d'eau salée. On se croirait dans un film de Pierre Schoendoerffer.

– Pourquoi la dissuasion en 2016 ? Des jeunes s'initient au djihad sur YouTube : c'est la menace d'aujourd'hui ! Brejnev est fini, dis-je.

– La menace nucléaire n'est pas retombée avec la chute de l'URSS, c'est une erreur de le croire. Quant aux nouveaux ennemis dont vous parlez – Daech par exemple –, mettent-ils en danger les organes vitaux de la France ?

– Sa culture, oui.

– Peut-être, mais ce n'est pas de notre ressort. Pour cela, l'Europe possède ses armes éternelles : la pensée et les arts.

– L'extrême puissance du sous-marin n'est-elle pas disproportionnée face aux forces de l'État islamique ?

– Chirac l'a redit en 2006 : la puissance nucléaire s'adresse également aux gouvernements qui menaceraient un État de droit et pas seulement aux possesseurs de l'arme suprême.

Il faut redescendre au poste de commandement opérationnel et commencer les préparatifs pour plonger. Sur les barreaux de l'échelle, le commandant me dit :

– Vous êtes ici sur le dernier territoire où le pays jouit de l'expression absolue de sa souveraineté. Le sous-marin, c'est le sceptre ultime. Un sceptre silencieux.

Je me rappelle la maxime en triptyque de Karen Blixen. Pour le commandant, elle pourrait s'articuler ainsi : « Être le plus fort, le faire savoir, disparaître. »

DANS LA NUIT

Les Russes aiment les expressions fleuries. Au réveil en débouchant une vodka : « Alcool le matin, liberté pour la journée. » Quand un silence s'installe à table : « Un flic naît. » À midi où pointe le découragement : « L'avenir est un projet annulé. » Au crépuscule, après une mauvaise journée : « Nous avons essayé de faire au mieux mais ce fut comme d'habitude. » Je dîne ce soir-là à Barbès avec une vieille dame de Samara (Russie) en visite à Paris. Elle a quatre-vingt-six ans, a connu les années de l'homme rouge. Elle nourrit une légère nostalgie pour la vie au kolkhoze mais ne regrette pas la chute de l'Union soviétique. À minuit, je l'accompagne au métro. Dans la rue règne une joyeuse agitation. Une bagarre de bandes met aux prises des garçons issus des quartiers de la diversité. « Des jeunes d'origine nord-africaine contre des jeunes d'origine guinéo-sahélienne », dirait-on dans un autre pays sans penser à rien d'autre qu'à décrire ce que les yeux observent. Et Irina a ce mot : « Vous aussi, ils vous ont fait le coup de l'amitié entre les peuples. »

Le réalisateur Viktor Dement vient d'adapter au cinéma sous le titre de *Criminel* une nouvelle de l'écrivain soviétique Vladimir Tendriakov (*La Trouvaille*, Borealia). Un garde-pêche erre dans la taïga, découvre un nourrisson abandonné dans une cabane et s'impose la mission de retrouver la mère pour la punir. Le film est sobre, brutal : une vraie vodka de Carélie. Une seule salle parisienne daigne donner le film ce mois-ci. Au même moment se joue sur des centaines d'écrans un film américain très efficace aux accents étrangement similaires, *Le Revenant*, d'Alejandro González Iñárritu. Dans les deux films, la forêt est le tribunal des vilenies de l'homme. Les deux héros poursuivent leur idée fixe – vengeance dans un cas, justice dans l'autre. Ces films, malgré leurs traits communs, révèlent le fossé spirituel séparant la Russie de l'Amérique. Le film américain déploie ses prouesses techniques. Le film russe supplée le manque de moyens par la profondeur du thème. Le premier compte sur le spectacle. Le second se contente du propos. L'un s'attarde sur les effets (spéciaux). L'autre réfléchit aux causes (de la douleur). L'intensité d'une œuvre ne réside pas dans le fait d'accumuler les images de haute définition : encore faut-il avoir quelque chose à définir. En littérature, la préciosité d'un stylo-plume ne fera pas un chef-d'œuvre. Au cinéma, aucun drone n'élèvera la valeur d'un film.

Quelque temps après la tragédie de la Saint-Sylvestre à Cologne, dans un grand quotidien, ce titre : « Les incidents de Cologne seraient une expression des rapports compliqués du monde musulman avec les femmes. » Par tous les diables, quel art oratoire ! Cette science de la nuance, du pas de loup, du *mezza voce* ! Au travail ! Inspirons-nous de ces euphémismes pour imaginer quelques descriptions polies :

– « Les empoignades de la Saint-Barthélemy seraient la manifestation des crispations catholiques envers les minorités protestantes. »

– « Les méthodes des conquistadores espagnols en Amérique du Sud témoigneraient de l'intérêt que les navigateurs européens nourrissaient pour certains métaux. »

– « Les récentes affaires de mœurs de l'Église catholique exprimeraient la fascination des hommes de Dieu pour l'innocence des petites créatures. »

DANS LE VIDE

Je descends en rappel la paroi du cap Canaille sur les flancs orientaux de la baie de Cassis. Avec ses strates de calcaire de grès et de galets, la falaise ressemble à un strudel viennois. La paroi est un sablier. Le temps continue son érosion : un bloc de caillasse s'écrase parfois au pied du mur. La France est en crise, le chômage augmente, même les falaises reculent : quelle misère ! Un jour, des archéologues retrouveront des milliers de pitons d'alpinistes enfouis dans les scories. Ils élaboreront des théories sur notre civilisation du loisir où un peuple en était réduit à planter des clous dans les falaises pour se sentir en vie. Dans les années 1970, la muraille avait une destination plus conventionnelle. Elle servait aux malfrats à se débarrasser des cadavres après les règlements de comptes

Les parois du cap Canaille sont truffées de grottes, mais c'est vers l'ouest, dans les calanques de calcaire blanc, que nos ancêtres investissaient des grottes pour y créer leurs cathédrales de beauté, décorant les parois de peintures magiques. Le regard se porte à l'est, vers l'île de Riou et vers les plateaux abritant la grotte Cosquer. Pendu à mes cordes, je pense au salut que Jean-Jacques Salgon adresse aux Aurignaciens de la grotte Chauvet dans son beau livre *Parade sauvage* (Verdier, 2016). L'écrivain y célèbre le génie de ces artistes, « frères d'armes et frères d'art ». Il s'interroge sur les sources d'inspiration de ces voyants d'un autre âge et sur la destination de leurs compositions pariétales. L'homme menait en ces « Vézelay souterraines » une conversation organique avec l'âme du monde. La révélation monothéiste ne lui avait pas encore enjoint de « dominer » la nature. Salgon entend dans l'injonction biblique de soumettre les plantes et les bêtes les « accents d'une revanche ». Après avoir lutté d'arrache-pied, venait pour l'homme le temps d'arraisonner son environnement. Soudain, je sens monter en moi un tremblement pénible. En bas de la paroi, c'est la crise d'épilepsie qui se déclenche et je me mets à convulser dans les rochers. Pourtant, j'ai respecté scrupuleusement les posologies de mon traitement, dont les effets secondaires ressemblent au résumé d'un livre de Cioran : « idées noires et pensées suicidaires ». Moralité : ne pas songer aux transes des chamanes de la préhistoire quand on se suspend entre ciel et terre.

DEVANT LA MER

Après une crise d'épilepsie (ce beau voyage intérieur), le remède est de se reposer devant une mer calme et de jeter ses aphorismes sur une feuille.

Qui se marie sous un ciel de traîne ?

Range ta chambre, disait le mistral au ciel.

L'expression « appuyer là où ça fait mal » fait-elle référence à la dissuasion nucléaire ?

Automne, le péril jaune.

« **Tout attachée** », m'a-t-elle dit en me donnant son adresse. Mais c'était une adresse mail.

On ne se baigne jamais deux fois dans la lecture d'un fragment d'Héraclite.

J'ai un peu de scrupules à continuer l'exercice à cause d'une phrase d'Ernst Jünger pêchée dans *Graffiti/Frontalières*. L'Allemand n'aimait pas la méthode de Jules Renard consistant à composer des formules devant les spectacles de la nature : « C'est donner un pourboire au dieu Pan. »

SOUS TERRE

Le massif des Trois Pignons déploie ses mystères au sud de la forêt de Fontainebleau. Une croix de Lorraine coiffe les lieux, à la mémoire des résistants du réseau Publican qui avaient pris le maquis, dans ces bruyères franciliennes, dès 1942. Au pied de la butte porte-croix, des grimpeurs s'échinent à escalader des blocs de grès hauts de 2 ou 3 mètres. Des milliers de fois ils tenteront d'enchaîner un mouvement pour atteindre le haut d'un rocher de taille insignifiante. Dans *Risque et alpinisme* (Glénat, 2016), le montagnard Alain Ghersen donne le nom de « syndrome de Moby Dick » à cette obsession. À chacun sa baleine blanche, explique Ghersen : un bloc ou un sommet de 8 000 mètres. Toute fixation maladive renvoie au trouble d'Achab : plutôt mourir que renoncer. Sous les platières de grès des Trois Pignons, notre petite bande a ses habitudes. Nous connaissons des grottes où passer la nuit dans l'amicale compagnie d'araignées et de chauves-souris. Ces grottes sont vastes et tapissées de sable. Sont-ce les alpinistes ou les résistants qui y ont aménagé des cheminées en creusant des conduits dans le grès ? En venant par l'autoroute, nous avons entendu à la radio le docteur Laurent Alexandre se livrer à son habituel exercice de célébration de la techno-médecine. Les avancées de la génétique, du clonage, du numérique et des nanotechnologies nous permettent déjà de faire « reculer la mort ». Un jour, l'homme augmenté pourra vivre mille ans, se félicite l'auteur de *La Mort de la mort*. Ce cauchemar ! Imagine-t-on l'homme millénaire en proie à la crise de la quatre centaine ? Et ces vieux beaux de huit cents ans s'habillant comme des types de deux cents ans ? Et ces dames de quatre-vingt-dix ans tripotées par des sacristains de sept cents ans ? Nous préférons allumer nos feux, y faire cuire la viande, rêver dans les grottes, grimper sur les rochers, bref, faire des gestes vieux de quatre cent mille ans plutôt que d'espérer tirer mille ans de plus.

L'EXIL

Sur l'île de Sainte-Hélène, Napoléon disait à Las Cases : « J'ai eu l'art de tirer des gens le meilleur d'eux-mêmes. » Pourtant, Napoléon fut l'un des chefs d'État les plus trahis de l'Histoire. Preuve qu'il n'avait pas su exalter la vertu de loyauté chez ceux-là mêmes dont il se flattait d'avoir révélé « le meilleur ».

LA MORT

L'entomologiste Jean-Henri Fabre appelait « pâte des morts » les strates calcaires de coquillages fossilisés sur lesquelles nous bâtissons nos villes. On peut penser qu'un jour une civilisation prospérera sur une couche de sédiments composés des débris des êtres humains. Une manière pour notre espèce de passer à la postérité.

LA FAUSSETÉ

Se méfier des gens qui vous invitent à une conférence sur le « non-agir » ou qui vous passent, avec des airs satisfaits, leurs travaux sur la critique de l'individualisme. Le même genre à militer pour aider « les migrants » avant d'enjamber le clochard qui dort en bas de chez eux.

LA BRIÈVETÉ

« On se voit vite ! » me lancent mes interlocuteurs avant de me quitter. Comme plus personne ne met le ton pour exprimer les choses, je me demande s'ils signifient par là qu'ils sont pressés de me retrouver ou qu'ils déplorent la fugacité de notre rencontre ou qu'ils espèrent écourter la durée de la prochaine.

LA RÉALITÉ AUGMENTÉE

Ces projets de « réalité augmentée » qui excitent les adorateurs de la secte internet sont une foutaise ! Si j'étais la réalité, je clamerais ceci : « Fichez-moi la paix ! Je ne veux pas être augmentée ! » Cette vanité de prétendre à des choses pareilles ! Pourquoi pas remplir la mer, pendant qu'on y est ! Seuls les aveugles, incapables de se contenter du monde et d'en tirer les sucs poétiques, rêvent d'augmenter ce qui se déploie devant eux et dont ils ne veulent pas être les fidèles serviteurs.

LA PAIX

« Le plus impitoyable est celui qui croit se battre pour des idées abstraites et de pures doctrines, et non celui qui défend seulement les frontières de sa patrie », Ernst Jünger, *La Paix*, 1943. Aujourd'hui, les premières polluent le monde et le marché libre a fait sauter les secondes.

L'ABSURDITÉ

Ce monde est fatigant. On y fait un séjour fugace. Pour quoi ? Pour y prendre goût avant d'y renoncer.

La vie est plus ou moins longue selon les forces dont on dispose, l'intelligence que l'on manifeste et les chances que l'on reçoit. Le temps passe, on se démène, on s'époumone, on se méprend sur presque tout, on se croit éternel, et soudain c'est fini. Face à cette absurdité, il n'y a pas trente-six choix, mais il existe quelques méthodes. Celle de Cocteau : chercher partout les manifestations de la beauté. Les trouver, les peindre, les chanter. Celle de Léon Bloy hier : détecter partout la laideur, vitupérer ses contemporains. Celle du fondateur du *Crapouillot*, Galtier-Boissière (dont Phébus vient de republier le *Journal pendant l'Occupation*) : trouver partout une occasion de rigoler, taper sur les cuisses de l'Histoire, opposer ainsi aux temps difficiles le remède de la plaisanterie. Dans le premier cas, on s'enivre, dans le deuxième on se meurt de tristesse, dans le troisième on s'amuse bien. Dans les trois cas à peine levé, le rideau tombe sans que nous entendions le moindre applaudissement.

LA RÉALITÉ DIMINUÉE

La merveilleuse Marie-Josée Nat retrouve mon père qu'elle avait perdu de vue depuis longtemps. Nous déjeunons tous par une après-midi d'hiver. Elle nous raconte ses débuts au théâtre. Sa mère fit le voyage de Corse à Paris pour venir voir jouer sa fille dans sa première pièce. La vieille paysanne n'avait pas l'habitude de ces choses-là. C'était un autre monde qu'elle découvrait. Stupeur ! Indignation ! Marie-Josée jouait une fille de mauvaise vie. Et la mère furieuse reproche à sa fille de faire les souillons.

– Mais c'était mon rôle, maman !

– Tu n'as qu'à faire semblant !

MALÉDICTION DU MOUVEMENT

Au fond des mers du globe, le plongeur Laurent Ballesta, biologiste et cinéaste, étudie les espèces de poissons les plus mystérieuses. Il présentait ces derniers jours au Festival du film d'aventure de Val-d'Isère un film tourné dans les passes profondes des archipels polynésiens. Par 20 mètres de fond, l'explorateur cherchait à répondre à cette question : comment un être vivant peut-il consacrer tant d'énergie, couvrir tant de distance, braver tant de dangers, dans le seul objectif aléatoire, vain, fugace, décevant – douloureux même –, de se reproduire ? En somme, ajoutait le scientifique : « Est-on maître de son destin ou esclave de son instinct ? » Il parlait du mérou, j'avais cru à un moment qu'il s'agissait de l'homme.

TRANSE DE L'AGITATION

Car l'homme s'agite de façon inconsidérée. Il est malade, instable, livré à tous les vents. Un esclave de lui-même. « Il risque de périr s'il n'évolue pas », écrivait de Tanger William Burroughs à Allen Ginsberg (ces deux-là, en matière de soumission aux instincts, n'ont rien à envier au mérou). D'ailleurs, tout le public du Festival de l'aventure de Val-d'Isère a filé l'analogie entre le mérou tourmenté par ses penchants et l'espèce humaine. Pendant quatre jours, se succédèrent sur la scène des aventuriers qui sautent en parachute depuis la falaise, plongent en apnée devant les orques, escaladent sans corde des parois de 1 000 mètres. Clausewitz aurait pu dire que les sports extrêmes sont la continuation de la guerre par d'autres moyens. Une guerre menée contre soi-même, évidemment. Dissimule ta vie ! conseillait Épicure. Ne sors pas de ta chambre ! ajoutait Pascal. Contente-toi de contempler un caillou, un cageot, et découvres-y des univers, ajoutait Francis Ponge. Personne ne les a écoutés.

GRANDEUR DES HALTES FORCÉES

De Val-d'Isère, je pars pour Taghia, en plein pays berbère. À 2 000 mètres d'altitude, dans l'Atlas marocain, un cirque de parois de calcaire de 800 mètres de développement protège un village de paysans. Des irréductibles ? Non, des spécialistes de la survie en altitude. Ils ont le génie de l'irrigation. Ils détournent le cours d'un torrent modeste et arrachent aux cailloutis un peu d'orge. Eux ne s'agitent pas. Aucun n'a voulu développer l'art d'escalader les montagnes pour la beauté du geste, comme le fit Pétrarque au XIVe siècle ou comme le firent les paysans italiens au début du XXe siècle dans les Dolomites. Les Berbères avaient d'autres chats à fouetter. Ils devaient se prémunir de la conquête arabe, de l'expansion de l'islam, en se carapatant dans les montagnes. Il faut aujourd'hui assurer l'irrigation, moissonner les récoltes aléatoires, entretenir les terrasses, conduire les chèvres faméliques vers les pâturages et préserver ces structures de branchages coincées à flanc de paroi et nommées (avec un sacré sens de l'hyperbole) « chemin berbère ». Les Berbères ont forgé de somptueuses expressions pour distinguer les nomades des sédentaires. Les premiers sont appelés « hommes de la lumière » parce qu'ils vivent sous le soleil. Les seconds sont les « hommes de l'ombre », car ils demeurent sous leur toit. À Taghia, tous les ans à la fin du mois de mai, les hommes de l'ombre assistent avec quelque crainte au débarquement des hommes de la lumière. Les Berbères nomades de Ouarzazate jouissent en effet depuis le temps du protectorat français d'une autorisation de pâture dans les hautes terres de Taghia. Ces débarquements n'enchantent pas les habitants du village, qui y voient un envahissement et une ponction de leurs sources d'eau. C'est la vieille histoire du nomade et du sédentaire, de Caïn et d'Abel, rejouée sur les dorsales de l'Atlas. En général, dans ces conflits, il y a toujours une fable d'amour, une version pastorale de Roméo et Juliette avec rencontre, à l'ombre des lauriers, d'un prince et d'une bergère appartenant respectivement aux deux camps ennemis. Et, à Taghia, cela ne manque pas ! L'un de nos hôtes nous révèle qu'il a rencontré sa femme au bord de la source. Elle appartenait au camp de la lumière (nomade) et lui, à celui de l'ombre (sédentaire). Les Capulet et les Montaigu, en somme, mais avec une fin plus heureuse que dans Shakespeare.

Taghia est un village de l'Atlas marocain, niché à 2 000 mètres d'altitude au fond d'un cirque austère. De hautes parois, à la sévérité dolomitique, veillent sur la destinée des lieux. Depuis les terrasses des maisons, trois faces se distinguent, massives, raides, pures. Elles sont comme trois Grâces, comme trois sœurs ou trois stèles. Elles semblent se pencher sur les affaires des hommes. Les Berbères se maintiennent ici, au bord du torrent alimenté de sources, dans de rudes conditions physiques. Comme tous les peuples repliés dans les montagnes du Maghreb et du Moyen-Orient – Kabyles, Kurdes, Araméens –, leur opiniâtreté leur a permis de survivre à l'expansion arabe et à la propagation de l'islam originel. Depuis des siècles, ils perfectionnent une science de l'irrigation, arrachant aux cailloutis quelques cultures vivrières. Pendant que les femmes portent sur leurs épaules les charges de luzerne (« dos de femme, dos de mulet », rappelait avec douleur le journaliste marocain Hicham Houdaïfa), les bergers courent les pentes avec leurs chèvres. Ils cheminent à flanc de paroi sur de fragiles installations de bois et de pierres appelées « ponts » ou « chemins berbères ». Les Occidentaux, eux, débarquent ici avec leur matériel d'escalade pour répéter des voies ouvertes depuis les années 1970 dans les fantastiques murailles. Ainsi, à Taghia, le monde tourne-t-il parfaitement rond : la plante cherche le soleil, les rapaces gardent un œil sur le sol, les troupeaux obéissent en attendant l'égorgement, les djinns veillent dans le canyon, les femmes triment dans le foyer, l'homme parcourt les confins et l'Européen, lui, cherche des terrains de jeux.

LE DESTIN EST MON BERGER

Un jour, nous rencontrons Ahmed. À dix ans, au cours d'une bagarre, un adolescent lui a sectionné les tendons de la jambe d'un coup de faucille. Son pied abîmé le fait boiter mais ne l'empêche pas de grimper. « L'avez-vous poursuivi en justice, votre agresseur ? » demandons-nous. Réponse d'Ahmed : « Non ! à quoi cela servirait-il ? Cela me rendrait-il l'usage de ma jambe ? C'est le destin, le Mektoub ! »

LA VERTICALE DU STYLE

Les alpinistes Arnaud Petit et Stéphanie Bodet forment une compagnie aérienne (de première classe) qui convie les grimpeurs amateurs à emprunter leurs lignes. Ils furent envoûtés, il y a quelques années, par la solennité des vallées de Taghia. Ensemble, ils ont contribué à faire connaître le village d'irréductibles. Ils ont ouvert dans les faces des itinéraires de haute volée. Après quelques années dévolues à la compétition, Stéphanie a trouvé sur les parois de la planète sa propre « ferme africaine », c'est-à-dire un lieu où, comme Mme Blixen, elle pourrait déclarer : « Je suis bien là où je me dois d'être. » D'ailleurs, Stéphanie Bodet, qui partage avec la baronne danoise la noblesse du style, l'amour de la nature et le goût de la littérature, a forgé une superbe expression qui fait écho à la phrase de Blixen : « Vivre à la verticale de soi. »

Puis je me porte à Tanger, la concierge du détroit de Gibraltar. Ce sas entre l'Atlantique et la Méditerranée, quel égouttoir ! Même les sous-marins nucléaires russes passent (à faible profondeur) dans le goulet pour se positionner en face des côtes syriennes (et permettre le bon déroulé des spectacles de «Vladimir Poutine et son orchestre» à Palmyre). À Tanger, de deux choses l'une. On peut chanter les vertus des carrefours, des plaques tournantes, s'émerveiller des «frictions de civilisations», s'ébahir de ces «villes-mondes» postées sur les passages où communiquent les cultures. Mais on peut aussi se dire que l'ancienne ville franche n'est qu'une métastase épanouie sur le col de l'utérus de Gibraltar. C'est ce que me glisse un vieil Arabe dans la médina : «Vous avez la vision romantique de Tanger ! Mais c'est un dépotoir corrompu, aux mains de la mafia immobilière ! »

Dans le Palais des institutions italiennes se tient le vingtième Salon des livres et des arts organisé par l'Institut français. Le directeur de la Librairie des Colonnes, Simon-Pierre Hamelin, ose briser le rêve et évoque le «syndrome de Tanger». Une sorte de syndrome de Jérusalem, en plus littéraire. Description de la pathologie : le voyageur, écrasé de références, débarque à Tanger dans un état de transe mémorielle ; il croit que les beatniks des années 1960 passent toujours leurs nuits couchés avec de petits adolescents arabes, puis il imagine que Paul Bowles (l'auteur américain de *Réveillon à Tanger*, obsédé par l'incommunicabilité culturelle entre les Européens et les Arabes) écrit toujours ses romans sur une table de la légation américaine. Et du coup, à force de traquer les fantômes, de gratter le palimpseste, de fouiller les références, le voyageur en oublie de considérer qu'une création contemporaine existe à Tanger, se déploie sous ses yeux.

Au Salon, tous les intervenants psalmodient sur tous les tons la nouvelle antienne moderne : l'ode à la « diversité », à l'« échange », au « carrefour », à la « communication des univers ». C'est à la mode, cette fièvre du frottement ! Le nouveau catéchisme ! Il irrigue tout le discours des acteurs de la culture. Il faut se mêler ! Pas d'issue sans pénétration ! Citoyens de tous les pays, fécondez-vous ! La vertu de la circulation est devenue un dogme. Si vous n'êtes pas le produit d'une rencontre, d'une altérité, d'un métissage, vous êtes un fossile. Si votre œuvre ne provient pas de plusieurs arbres, c'est un fruit mort. Moi, je pense aux Berbères. Ils ne se déplacent pas. Ils craignent le contact. Ils perpétuent des traditions sur un axe vertical (le temps) et ne s'enrichissent pas de l'*Autre* sur un plan horizontal (l'espace). Leur génie tient à la stabilité. Ils ont inventé une science de l'équilibre et entretiennent une vieille conversation avec le sol dans un milieu hostile. Sont-ils moins nobles que les hommes du flux, du courant et du mouvement ? Pas sûr. Homme libre, parfois tu restes sur ta terre !

MORALITÉ DE LA CIRCULATION

Retour en France. Ma Carte Bleue est bloquée. Les services de la banque ont jugé que ce n'était pas plausible d'être à Val-d'Isère, à Tanger et à Paris en un si court laps de temps. Mais enfin, messieurs ! On ne peut pas vouloir un monde global, ouvert aux flux financiers, et nous reprocher de circuler comme les mérous ! Il faut choisir. Non content de surveiller nos dépenses, le système de contrôle de la fraude juge de la légitimité de nos déplacements. Je veux bien rendre compte à mon banquier de mes inconséquences financières, mais pas de mes déplacements. Il y a la police pour cela. Le philosophe Giorgio Agamben nous prévenait pourtant dans son petit pamphlet *Qu'est-ce qu'un dispositif ?* Nous sommes devenus « le corps social le plus docile et le plus soumis qui soit jamais apparu dans l'histoire de l'humanité ».

UTILITÉ DES NUMÉROS VERTS (KAKI)

Le gouvernement ne plaisante pas. Pour lutter contre la radicalisation des jeunes citoyens, le ministère de l'Intérieur fait ce qu'il faut. Un tract a été diffusé dans les administrations : « Familles, amis, agissez sans attendre ! » nous enjoint-on. Un nouveau dispositif ! Enfin ! Un court texte du tract détaille les comportements qui trahissent une dérive « radicale ». Parmi les signes avant-coureurs : « propos asociaux, rejet de l'autorité, repli sur soi, rejet de la vie en collectivité ». Diable ! William Burroughs et Cioran l'ont échappé belle ! Mais je connais encore une tripotée de poètes alcoolos, d'écrivains misanthropes, d'anars repliés sur eux, de comédiens en colère, d'alpinistes semi-autistes et même de moines reclus. Faut-il appeler le Numéro Vert ?

EXERCICE (DE STYLE)

« Une vie agréable et bâclée. » Est-ce Françoise Sagan qui le disait de sa propre vie ? Ou l'un de ses biographes ? L'écrivain Tom Reiss sous-titrait son roman *L'Orientaliste* de ce raccourci : « Une vie étrange et dangereuse ». On pourrait se livrer longtemps à ce beau petit jeu. On essaierait de créer en deux adjectifs la définition d'une vie rêvée : une vie calme et digne (à la Montaigne), une vie lugubre et défoncée (à la Bukowski), une vie mouvante et incertaine (à la Lawrence d'Arabie), une vie stylée et court-vêtue (à la Casanova), une vie légère et tragique (à la Cocteau), une vie hideuse et grotesque (à la Mickey Mouse). On peut aussi se donner encore un peu de temps pour choisir sa formule.

À SAINT-PIERRE-ET-MIQUELON

Je me livre à un petit aller-retour sur l'archipel pour fêter le bicentenaire de la rétrocession par l'Angleterre à la France de ces cailloux vaillants. Seul avantage de prendre tant l'avion pour un si court séjour : écrire des aphorismes.

Internet : *au commencement était le Verbe. À la fin était le blog.*

Repentance : *les Européens devront-ils un jour se repentir d'avoir eu la noblesse d'être les premiers dans l'histoire du monde à se livrer à l'exercice de contrition collective ?*

L'égalité *est le droit accordé à tout le monde d'y croire.*

✧

Après quinze heures de vol, par Montréal et Halifax, j'atterris à Saint-Pierre. Les Saint-Pierrais organisent rencontres et manifestations dans leur capitale de 6 000 habitants pour signaler que le drapeau tricolore flotte là-bas, depuis 1816, au large de Terre-Neuve, dans l'archipel cerné de courants froids, de baleines à bosse et de visées canadiennes. Depuis les années 1990, où la pêche à la morue a été interdite, le pays ne prospère plus comme au temps où Pierre Schoendoerffer venait tourner *Le Crabe-tambour* au bar de la Morue Joyeuse. Le destin de Saint-Pierre est une fable moderne : personne ne peut se réjouir qu'on ait mis un terme à une activité économique, mais cette activité ne pouvait pas durer sous peine de ratissage total des poissons. En somme, personne n'a jamais envie de descendre d'un train dont chacun sait pourtant qu'il file vers le gouffre.

Pendant la Prohibition, Saint-Pierre fut la taverne de l'Atlantique Nord. Les trafiquants venaient s'y ravitailler. La France inventait une sorte de plan Marshall de l'ivrognerie : pour une fois, c'est nous qui venions en aide aux USA ! Le magasin de spiritueux actuel porte toujours le nom de CIA : Comptoir d'Importation des Alcools. Dire que les services américains nous ont volé l'acronyme !

En matière de bars pour marins, reste un Basque, ancien pêcheur, qui tient bon derrière son comptoir, et raconte des histoires de marées glorieuses. Non loin, quelques descendants de pionniers et de pêcheurs basques jouent à la pelote. Ce peuple est animé d'une volonté inexplicable de vouloir détruire les murs avec une toute petite balle de caoutchouc.

En face du port s'étend l'« île aux Vainqueurs ». Une bonne sœur du nom de Césarine a passé des décennies, seule, sur cet îlot stérile et venteux. Elle tenait le lazaret où séjournaient les marins mis en quarantaine. Il faut vraiment espérer pour elle qu'il y ait une vie après la mort, parce qu'en termes de séjour sur terre on fait difficilement plus lugubre.

Un fait divers magnifique : un chevreuil a traversé le chenal entre Langlade et Saint-Pierre. C'est un héros, un pionnier. Les bêtes sont animées du sens de l'exploration. Les hommes, au lieu de le décorer et de lui ériger une statue, lui ont flanqué un coup de fusil.

Au large du cap au Diable, les rorquals barattent l'eau avec des grâces de danseuses obèses. Non loin passa l'avion de Lindbergh qui commençait sa traversée aérienne de l'Atlantique. L'écrivain Eugène Nicole raconte dans son superbe livre de mémoire vivante, *L'Œuvre des mers*, qu'une jeune fille légèrement simplette de Saint-Pierre vit passer l'avion et fut prise de panique, croyant au passage d'une voiture dans le ciel ; c'est la version insulaire du perroquet de Flaubert. Sur le point culminant de l'île (207 mètres) se découvrent les affleurements de granit usés par les glaciers disparus, comme l'explique le professeur de géographie qui ouvre la marche. Il faut toujours se promener en montagne avec un géologue, dans la forêt avec une philosophe mutique, en ville avec un conservateur de musée. Pour passer la nuit, préférer les artistes.

L'EXPOSITION UNIVERSELLE

Je reviens à Paris en cette fin mai. La ville est enchanteresse, je déambule entre les pavillons de la nouvelle Exposition universelle organisée dans une forme contemporaine, vivante, beaucoup plus enrichissante que l'ancienne kermesse un peu trop « carton-pâte » du début du XXe siècle. On a le « pavillon napolitain » avec les ordures au coin des rues, le « pavillon du Bangladesh » avec les quais inondés où les tilleuls imitent la mangrove. Au « pavillon libanais », les communautés religieuses s'affrontent et se conspuent. Au « pavillon anglais », on rejoue les scènes de lutte sociale des années Thatcher. Des embouteillages dignes de New Delhi sont la nouveauté du « pavillon indien ». Des hommes en armes déambulent entre les jeunes filles voilées au « pavillon saoudien ». On ne voit pas pourquoi les touristes bouderaient Paris. Jamais la capitale n'a offert à ce point un visage de *ville-monde*, comme on le dit dans les festivals de littérature. Cela vaut tout de même mieux que des pagodes chinoises plantées sur l'esplanade du Champ-de-Mars, non ?

À Genève pour quelques jours. En crapahutant dans les montagnes du Salève (où fut inventé le mot de varappe), je me souviens que Lénine a passé quelques années dans la ville au début du siècle, quinze ans avant la révolution d'Octobre. Il savait, comme Nietzsche, que les randonnées dans la montagne excitent la pensée. Les événements de 1917 se sont ainsi fomentés dans des alpages peignés, au son des clarines. Il rencontra quelques socialistes helvètes (rares en ces parages) et leur fit des discours enflammés, avec ce côté « Nuit debout », très chef scout enthousiaste désireux de faire des choses débiles pour le monde : « Il n'y a qu'un seul mot d'ordre et vous devez le diffuser dans toute la Suisse et dans les autres, pays : soulèvement armé ! » Les Suisses n'ont pas écouté. Les Russes, si.

Dans la Société de lecture genevoise créée en 1818, la directrice m'emmène dans la salle aux trésors qui recèle – entre autres merveilles – les exemplaires des livres empruntés par Lénine au cours de son séjour. Il consultait des ouvrages de théologie (il préparait sa propre révélation messianique), lisait *Le Gai Savoir*, les poèmes de Sully-Prudhomme, et annotait les livres, ce qui indignait les bibliothécaires. On peut encore déchiffrer ses remarques dans la marge. Ainsi l'exemplaire de la *Vie de Jésus* d'Ernest Renan a-t-il copieusement intéressé le Russe. La phrase « Jésus voulait anéantir les richesses et non s'en emparer » est soulignée par Lénine et commentée de ce mot : « comme le socialisme moderne » ! On peut en conclure que le président Hollande est fidèle au Christ et à Lénine dans sa « haine des riches ». Mais qu'il trahit les deux prophètes en augmentant les impôts.

ADIEU LÀ-HAUT

Sur les parois du Salève et de toutes les montagnes de France fleurit une nouvelle mode. À chaque accident, les proches du défunt scellent des plaques de métal portant le nom du malheureux. Plutôt que de penser à la victime ou de prier pour le salut de son âme, on prévient le passant que Gégé a glissé et que Mauricette ne l'oubliera pas. Si elles sont bien fixées, ces plaques peuvent toutefois servir aux grimpeurs à négocier un passage difficile.

FAITS DIVERS

Félix Fénéon avait inventé au début du XXᵉ siècle un genre littéraire pré-surréaliste consistant à rapporter des faits divers dérisoires ou tragiques en les reformulant froidement, ironiquement, dans une langue stylée. Il appelait cela les « nouvelles en trois lignes ». Selon le principe de Fénéon, livrons-nous à une moisson d'événements récents :

Des voyous braquent un McDonald's, interrompant le déjeuner des gendarmes du GIGN. Encore des victimes de la malbouffe (France).

Au zoo, un enfant tombe dans la fosse du gorille. Le grand singe joue avec l'intrus terrorisé et reçoit en récompense une balle dans la tête (USA).

Une mère étrangle et brûle sa fille parce que la petite voulait se marier avec le monsieur qui ne convenait pas (Pakistan).

Une autre jeune fille se fait tuer par le prétendant à qui elle avait eu la cruauté de se refuser (Pakistan, encore).

Un Américain d'origine afghane ne souffre pas que les hommes s'embrassent sur la bouche au lieu de lire le Coran. Cinquante morts.

Félix Fénéon ne tirait pas de conclusion des faits divers qu'il rapportait. Contrairement à lui, je ne peux m'empêcher de chercher un enseignement dans ces vilenies. Moralité de ce mois-ci : les enfants ne doivent pas escalader les grilles, l'homme n'aurait jamais dû descendre du singe, toute femme devrait quitter l'Orient et il faut s'inquiéter que nos troupes d'élite se nourrissent de hamburgers.

À L'UNIVERSITÉ DES ARBRES

Les arbres nous enseignent une forme de pudeur et de savoir-vivre. Ils poussent vers la lumière en prenant soin de s'éviter, de ne pas se toucher, et leurs frondaisons se découpent dans le ciel sans jamais pénétrer dans la frondaison voisine. Les arbres, en somme, sont très bien élevés, ils tiennent leurs distances. Ils sont généreux aussi. La forêt est un organisme total, composé de milliers d'individus. Chacun est appelé à naître, à vivre, à mourir, à se décomposer – à assurer aux générations suivantes un terreau de croissance supérieur à celui sur lequel il avait poussé. Chaque arbre reçoit et transmet. Entre les deux, il se maintient. La forêt ressemble à ce que devrait être une culture.

Et leur courage ! À Saint-Pierre-et-Miquelon, j'ai vu des braves. Ils étaient nains et recréaient en miniature des forêts profondes hautes de 50 centimètres, entre des blocs de granit battus par des vents constants.

Ils sont mélomanes. Ils grincent, chuintent, bruissent. Leurs feuillages murmurent des secrets. Leurs troncs se plaignent de souffrances. Entrer dans la forêt, c'est s'installer sous l'orchestre. Mais la musique est douce et accueille souvent le silence, dont l'historien Alain Corbin vient d'expliquer dans son *Histoire du silence* combien il est une marque de la civilisation.

L'arbre est à la fois un être de la terre et de l'air. Il puise sa force dans l'ombre pour boire des photons. Il lie le monde d'en bas et le royaume d'en haut. C'est une passerelle entre les souterrains chtoniens et la lumière. L'arbre est un être magique puisqu'il est le réceptacle de tous les éléments (sauf du feu, bien sûr).

Les arbres sont princes de l'immobilité. Ils prouvent que la puissance ne se définit pas par le mouvement. Leur royaume est le terrain qu'ils couvrent de leur ombrage. Parfois, il est bon de faire l'arbre. S'asseoir sur la terre. Humer la lumière. Laisser la fourmi nous escalader. Le Bouddha s'était un jour assis au pied de son pipal et il avait été saisi par des pensées. Moi, hélas ! quand je m'assieds au pied d'un arbre, j'ai envie de grimper dedans au bout de cinq minutes.

Les arbres nous apprennent à nous méfier du regard global. Vous voyez la forêt de loin, vous croyez que c'est une masse indistincte composée du même arbre mille fois reproduit. Et pour peu que vous avanciez, vous vous rendez compte que chaque arbre est singulier. Les arbres sont des « gens », comme disait Dersou Ouzala, le petit chasseur de Sibérie orientale dont l'écrivain Vladimir Arseniev a fait un héros éternel.

Parfois, la littérature et les arts ont joué à humaniser les arbres. Tolkien créa une armée d'« arbres-soldats » qui venaient à la rescousse des Hobbits contre les forces du Mordor. Il les appelait les « Ents ». La pauvre Séraphine de Senlis, il y a plus de cent ans, peignait des arbres et des buissons pleins d'yeux fous et de regards avides. Daphné du Maurier, dans l'une de ses nouvelles, imagina un pommier doté de raison et d'esprit de vengeance. J'aimerais bien me faire enterrer sous un arbre. La chair, se décomposant, serait aspirée dans le système ligneux, distribuée dans les fibres jusqu'aux nervures des feuilles. Je rendrais ainsi à la nature ce que je lui ai raflé. Ce serait l'invention de la souche tombale, après la pierre du même nom.

LA FIN DE JUIN

En cette fin de juin, privé de poste de télévision, je me rabats sur les terrasses des cafés pour regarder les matchs de l'Euro 2016. Comme il n'y a pas le son, je suis obligé de faire tout le boulot et d'imaginer ce qui se passe sur le terrain. Un défenseur se tord de douleur sur le gazon : il vient d'apprendre la mort du poète Yves Bonnefoy. Un attaquant se roule au milieu du terrain. La disparition de Maurice G. Dantec lui a coupé les jambes. Il aimait la rage de l'écrivain et même ses outrances, elles lui rappelaient Léon Bloy. À présent, un arbitre expulse un milieu de terrain turc : ils viennent d'avoir une altercation à propos d'Élie Wiesel, qui a rendu sa belle âme à Dieu, ils reprendront leur débat au vestiaire. Au football, on gagne à couper le son.

UN PETIT TOUR DANS LE PAMIR

Je passe le mois de juillet au Tadjikistan, ancienne république socialiste soviétique située au nord de l'Afghanistan, sur la rive droite du fleuve Amou-Daria. Le pays est devenu indépendant en 1991 et a mis une décennie à s'extirper de la guerre civile. En compagnie de bons amis, je navigue à travers les vallées du Pamir pour gagner le pied des sommets de 6 000 ou 7 000 mètres que les Soviétiques avaient baptisés de patronymes liés à l'histoire de l'URSS. Une fois le Pamir conquis, il s'agissait de nommer les montagnes. « La géographie sert d'abord à faire la guerre », rappelait le géopoliticien Yves Lacoste. La toponymie, elle, sert à signifier qu'on l'a gagnée. Les commissaires rouges ne furent aucunement embarrassés par l'absurdité de l'exercice consistant à donner le nom des petites entreprises humaines à des géants de pierre cabrés dans le ciel depuis des millions d'années. Mais ces administrateurs matérialistes avaient parfois une imagination remarquable, un sens appuyé du grandiose et un culot magnifique. Ils inventèrent ainsi la chaîne de l'Académie des Sciences, le pic de l'Officier Soviétique, le pic du Radio Amateur, le pic des Communards, le pic de la Révolution, le pic du Milicien et, bien sûr, comme ce serait le cas à Nanterre ou à Arcueil si le relief y était plus marqué, le pic Gagarine. Au nord, après avoir remonté le glacier Octobre, nous saluons la couronne de glace du pic Lénine. Il y a même, juste à côté, un pic des Syndicalistes dont nous ignorons si l'escalade est récompensée par une prime de pénibilité. Au sud, à quelques kilomètres de la frontière afghane, nous montons à 5 600 mètres devant la face austère du pic Karl Marx, flanqué de son satellite le pic Engels. Si nous tombons dans une crevasse, serons-nous les dernières victimes du marxisme ?

Depuis 1991, le communisme a vécu. L'idéologie a été balayée par la chute de l'URSS. La toponymie est ce qui reste dans la géographie lorsque l'Histoire a passé. Le gouvernement tadjik s'occupe déjà de recomposer sa cartographie. Le nom de pic de la Révolution a été rayé des cartes et la montagne s'appelle à présent Istiqlol (« Indépendance », en arabe). Aujourd'hui, les Chinois goudronnent une route à travers le Pamir. La globalisation projette son premier tentacule. Bientôt, les conteneurs circuleront. La poussière levée par les caravanes de la soie n'est pas près de retomber.

✧

Plus tard, nous nous approchons de la frontière afghane et nous descendons un fleuve bien loin d'être impassible, un torrent furieux de limon et d'écume. D'un côté de l'Amou-Daria, au sud, l'Afghanistan éternel et dangereux, hérissé de montagnes, moucheté d'oasis. De l'autre côté, au nord, le Tadjikistan qui fut la proie des Britanniques et des Russes, l'arrière-cour méprisée de l'empire soviétique, et qui est appelé à devenir un sas de transit de la brocanterie chinoise. Devant le spectacle du fleuve séparant des mondes, je me dis qu'à Paris comme ici, je préfère la rive gauche.

En longeant la berge vers l'aval, nous apprenons le carnage de Nice commis par un musulman fanatique. L'Amou-Daria fut au XIXe siècle une sorte de Promenade des Anglais, au temps où les Britanniques voulaient contrer l'avance des Russes dans la haute Asie. Nos proches s'inquiétaient que nous partions pour l'Asie centrale ex-soviétique. Ici, à la frontière afghane, nous voilà en des parages bien plus paisibles qu'à Nice. Sur cette Terre, depuis quelques années, la carte du pire s'est drôlement déplacée. Ou bien est-ce le pire qui partout a gagné du terrain ?

✧

Comme il est doux de se tenir ici, allongé sur un lit, dans le vent tiède de l'Amou-Daria, sous les mûriers platanes, dans l'une de ces « chaikhanas », maisons de thé de l'Asie centrale qui semblent réunir tous les ingrédients de la volupté orientale, et même, peut-être, incarner la représentation coranique du Paradis en offrant au voyageur la couche, la fraîcheur d'un ombrage, la musique d'un filet d'eau, le réconfort d'un plat de viande disposé sur le tapis par d'aimables serveuses moins voilées qu'à la table de Tariq Ramadan. La ribambelle d'Occidentaux qui ont exploré les vallées de la haute Asie, d'Eric Newby à Joseph Kessel en passant par l'ancien baroudeur Rory Stewart (actuel membre du ministère des Affaires étrangères britannique), a toujours chanté les délices de ces auberges-oasis du Turkestan. La seule manière de gâter ces instants de grâce est de s'informer des événements de France. Et cela ne manque pas, nous commettons l'erreur de nous tenir au courant de l'apparition sur les plages de France du burkini. Voilà que celles qui revêtent ces tenues ou ceux qui se félicitent de leur bourgeonnement ne comprennent pas que ceux qui ne les portent pas puissent en être dérangés. Il y a chez les promoteurs du burkini et dans le chœur de ses défenseurs un étrange pli consistant à ne pas tirer jouissance de se conformer aux traditions du pays dans lequel on se trouve. N'éprouve-t-on pas un contentement, une fierté secrète, à ne pas trop s'imposer là où l'on se tient, à se conformer à ce qui se fait et à ce qui ne se fait pas, à ce qui est de bon ton et à ce qui ne l'est pas, à ce qui appartient aux usages ? Par exemple, ici, à la pliure du Pamir et de l'Hindu Kush, il ne me viendrait jamais à l'idée de réclamer à la serveuse un double whisky et de faire cette chose que j'aime à faire chez moi : le boire en fumant un cigarillo avec les pieds sur la table. J'en suis là de ces pauvres réflexions quand je m'endors, épuisé par les cahots de la route, avant d'être réveillé en sursaut par un cauchemar : l'ismaélienne qui nous apportait le thé tout à l'heure a revêtu un burkini façon yéti du Pamir tissé avec les poils de la moustache d'Edwy Plenel !

AOÛT, LA MER

J'essaie toujours de conclure un voyage en passant quelques jours en un lieu en tout point opposé à celui où je viens de séjourner. C'est le vieux principe de l'alternance des contraires, duquel on peut tirer un agrément. Après la Corée du Nord, on passera quelques jours à Monaco, par exemple, ou bien on ira au bord de la mer après avoir couru la montagne. Sur les plateaux du Pamir tadjik, nous nous demandions quel endroit de France était le plus opposé à toute cette âpreté que nous traversions, à la dureté de l'Histoire accumulée ici en strates épaisses, à l'aridité des paysages, et nous avions la vision du bassin d'Arcachon, de sa douceur, de cette intelligence de la vie constituée patiemment par les hommes en aménageant la forêt, en protégeant le littoral, en freinant (plus ou moins) le bétonnage des côtes. Donc, aussitôt rentré du Pamir, direction le bassin d'Arcachon. Là-bas, dans la chaleur des pins, après avoir dormi pendant huit jours d'affilée, je me livre à mon petit exercice d'écriture d'aphorismes. Pour cela il faut avoir une feuille blanche, un crayon et, devant soi, un peu de temps ainsi qu'une belle étendue d'eau :

Le seul inconvénient de la disparition de l'humanité est qu'il n'y aura personne pour se réjouir de l'événement.

Qui ne sait pas se retirer risque les complications. Parole de père de famille.

Les cigales scient la lumière.

Nager, c'est s'entraîner à voler avant que la mer ne se retire.

Le voile est le linceul du féminisme.

Avantage de l'alpinisme : au sommet, on n'a pas honte de faire demi-tour.

Déchets électroniques : pléonasme.

Le peintre reçoit et donne. Le photographe prend.

Si le monde est un théâtre, il ne faut pas laisser n'importe qui frapper les trois coups.

Dire que les femmes qui se maquillent osent nous accuser de mentir !

Le réel est la maladie du rêve.

Ce type qui mentait même à son journal intime.

Tout coup de téléphone est le cri de détresse d'un être qui s'ennuie.

À quoi ressemble l'hypocrite dans une glace déformante ?

Le passé est la porte de sortie des êtres mélancoliques.

Qui est trop poli laisse passer sa vie.

LÀ-HAUT, ENCORE

Comme trop de douceur finit par démanger, je rejoins des amis alpinistes dans le sud du Vercors. Pendant quelques jours nous grimpons sur les piliers calcaires de La Pelle ou d'Archiane. Ces parois flanquent les plateaux d'altitude comme les remparts défensifs d'une citadelle des steppes. Les voies de 400 mètres ont été ouvertes dans les années 1960 par les maîtres grimpeurs de l'époque. On s'accroche à de vieux pitons rouillés, martelés dans la roche il y a soixante ans par des alpinistes comme Leprince-Ringuet, mort au Huascaran, ou comme Bérardini, dont les doigts avaient gelé dans la terrible face sud de l'Aconcagua. Le vide s'ouvre dans le dos. On grimpe sous l'œil des vautours. Au sommet, on gagne des forêts hantées par les loups. Le soir, on bivouaque en délogeant crapauds et serpents. Bref, on est en discrète et noble compagnie. Un jour, après une grimpée de douze heures, nous gagnons un monastère bouddhiste, non loin de la forêt perchée de Saoû, dans la Drôme. Un couple d'éleveurs adepte du bouddhisme tibétain a reçu les enseignements d'un Rimpoché réfugié en France et a ouvert ce centre de méditation, où sans le moindre prosélytisme ils accueillent les gens de la région. On se prend alors à rêver que le fanatisme qui menace en ce moment les sociétés européennes se transmue en une infection bouddhiste. Des fanatiques de la compassion, des hystériques de l'impermanence, des ayatollahs du non-agir et des extrémistes de la non-violence, cela aurait tout de même plus d'allure et plus de noblesse que des radicaux coraniques qui dépiautent leur bréviaire pour y trouver, l'œil en biais, la justification à leur haine.

LÈVE-TOI ET MARCHE

Soudain quelque chose se passe. Un garçon ardent, à la silhouette fine, au regard inquiet, sort du musée Grévin au bras d'une femme de vingt ans son aînée (ils ont la différence d'âge de Simon et de Paule, les héros d'*Aimez-vous Brahms...* de Françoise Sagan). Elle, est sculpturale et bronzée. Lui, est farci de lettres classiques, aime l'aventure et même l'esprit d'entreprise (le traître !), il se désole de la « demi-mesure » du président de la République et claque la porte du gouvernement tellement fort qu'il tire de leur hibernation les statues de cire socialistes. Sous le coup, elles affichent triste figure, on dirait des visages du Greco. Il faut dire que ce n'est pas bien élevé de réveiller les momies dans les caveaux égyptiens.

Le mouvement politique de Macron s'appelle En marche ! Avec un nom pareil, quitter le gouvernement était inévitable. Comme tout le monde, au moment où Macron lançait son mouvement, je relisais « En marche », livre cinquième des *Contemplations* de Victor Hugo. Ce vers, au chapitre VI : « Vous dites : Où vas-tu ? Je l'ignore ; et j'y vais. »

FAIRE SON MIEL

Conclusion de l'été : nous n'aurons pas de bon miel cette année. Les fleurs, macérées dans un printemps trop humide, ont grillé dans un été trop chaud. Les abeilles n'ont rien eu à butiner que de maigres herbiers. Voilà un malheur, autrement plus cuisant que les calamités ordinaires abattues sur le pays. Califat ou pas, sans miel, pas de Paradis !

THÉORIE DE LA MÉDUSE

Retour dans les calanques de Cassis après les incendies de l'été. Au col de la Gineste s'étendent des hectares de broussailles et de troncs calcinés. Le paysage ressemble au décor de l'une de ces gravures de la Première Guerre mondiale du peintre Otto Dix, noires, cauchemardesques, déprimantes. On se prend à penser que le passage de l'humanité sur la Terre, finalement, aura consisté en une politique permanente de la terre brûlée et que le progrès n'est que le mouvement immobile qui aura permis à l'homme de continuer à pratiquer le brûlis tout en inventant le Canadair. Sur les falaises de calcaire, mangées de sel et de photons, nous grimpons pendant des heures, dans la lumière blanche, à la verticale de la mer, pour conjurer les visions de l'incendie. Isadora Duncan, la danseuse américaine scandaleuse et solaire du début du XXᵉ siècle, amante de Sergueï Essenine et amie de Gabriele D'Annunzio, théorisait ainsi son principe d'entraînement dans *Ma vie* : « La gymnastique doit être la base de toute éducation physique ; il est nécessaire d'inonder le corps d'air et de lumière, il est essentiel de diriger son développement de façon méthodique. » Nous remplaçons le mot « gymnastique » par « escalade », les calanques fournissent l'air et la lumière, et le tour est joué. Après l'escalade, nous redescendons en rappel au pied des falaises et plongeons dans la mer, mais nous en ressortons aussitôt, la peau brûlée par les filaments des méduses qui, cette année, ourlent le littoral d'une guirlande toxique. Ce sont des spécimens presque privés de capacité de locomotion. Elles flottent comme de mauvais lustres, prouvant que la transparence totale est dangereuse. On se soulage de la brûlure en se frottant la peau sur le calcaire chaud et en échafaudant une théorie de la méduse dont voici les grandes lignes :

1) Tout être qui ne réussit pas à peser sur son destin se venge en devenant néfaste.

2) La toxicité est le remède que trouve le faible à son impuissance : « Je ne peux lutter contre flux et courants, je ne peux décider du cours de ma vie ? Je serai votre poison. »

3) La maîtrise de soi est donc l'origine de toute vertu.

THÉORIE DE LA CELLULE

Certaines méduses, comme les salamandres, sont dotées de la capacité de se régénérer après avoir été amputées d'une partie de leur masse organique. Les alchimistes médiévaux et les antiques adorateurs du Phénix devaient vénérer ce genre de phénomène. Les biologistes d'aujourd'hui étudient avec intérêt les mécanismes de reconstruction cellulaire. En ce début d'octobre, au moment où les méduses croisaient au large des calanques (et sans aucun lien de causalité), le chercheur japonais Yoshinori Ohsumi était couronné du prix Nobel de médecine pour ses travaux sur l'« autophagie cellulaire », principe contraire à celui de l'autoréparation. L'autophagie (action de se manger soi-même) désigne en biologie le processus d'autodestruction des cellules, qui procèdent ainsi au renouvellement d'un organisme, au nettoyage de leurs parties gâtées, à leur propre recyclage, ou pallient un déficit d'énergie. Jusqu'alors, je croyais l'autophagie réservée aux hommes nerveux qui se rongeaient les ongles, à certains grognards de la Grande Armée qui dévorèrent leurs membres gelés pour survivre sur les routes de la retraite de Russie, aux bêtes qui s'arrachent les membres pour se libérer des pièges. La cellule autophage est notre maître zen : elle nous dit qu'on peut supprimer quelque chose en soi (une idée noire, un triste penchant ou de la mauvaise graisse) pour se régénérer.

THÉORIE DU CORPS HUMAIN

À Paris, la Petite Galerie du Louvre présente jusqu'au début de l'an 17 *Corps en mouvement,* une exposition merveilleuse de grâce et d'intelligence, à la réalisation de laquelle Benjamin Millepied participa avant de quitter la direction du ballet de l'Opéra de Paris en quelques (faux) bonds. Le défi de fixer dans la sculpture ou par la peinture la fugacité du geste obsède les artistes depuis l'Antiquité grecque, égyptienne même. Ici, dans l'aile Richelieu, une galerie de corps s'anime sous les yeux du visiteur, prouvant que certains maîtres sont parvenus à saisir l'instant, à arrêter le mouvement. Une Daphné de Tiepolo échappe à Apollon, une troupe paysanne danse une lourde ronde sous le pinceau de Rubens, des athlètes grecs s'entraînent à la course sur une coupe de terre cuite. Les danseuses de Degas, le Nijinski de Rodin, un génie de Carpeaux font triompher la légèreté du corps de la lourdeur du bronze. C'est une entreprise d'arrêt de la fuite du temps. C'est une ode au corps beau et nu, maître de lui-même, au corps divin, au corps d'Isadora Duncan « inondé d'air et de lumière ». Le contraire du corps de la méduse à la dérive. Le contraire des corps qui se cachent, sous les linceuls noirs, dans l'ombre des dogmes, privés de soleil, honteux de ce qu'ils sont.

THÉORIE DE L'ÉLÉPHANT

L'éléphant est irréfutable, prétendait Alexandre Vialatte dans une chronique de *La Montagne*. Mieux ! Il est polyglotte et il a lu Carl Schmitt. Des scientifiques du Sussex ont découvert que les éléphants d'Afrique savaient identifier les différents langages humains. Ils déduisent ainsi que le groupe d'hommes à l'approche dans les hautes herbes appartient à une tribu amie ou malintentionnée. Ils distinguent par exemple la langue des Masais, chasseurs immémoriaux, de celle des cultivateurs kambas, qui ne chassent pas. Quel que soit l'interlocuteur masai – aimable enfant, vieillard impotent ou matrone pacifique –, l'éléphant pratique l'amalgame et s'arrête à la conclusion que le Masai représente, par essence, le danger.

Un peu comme un Occidental qui, par un réflexe de déduction sémiologique, manifesterait quelque inquiétude en repérant et en interprétant dans les savanes du monde global des *signes* extérieurs d'appartenance au salafisme (burkini, djellaba, barbe taillée et niqab) et manifesterait sa méfiance, même si tout porteur de ces *signes* n'est pas forcément animé de projets malfaisants.

LA CONSOMPTION DES GLACIERS

À Chamonix, un guide de montagne m'accueille deux semaines dans sa cabane de bois, sise en plein alpage, devant le mont Blanc. Les sanatoriums du plateau d'Assy nous surplombent. Ils appartiennent à une époque où l'Europe venait cracher sa tuberculose, allongée dans des transats. Les patients retardaient ainsi les effets de la consomption en respirant le bon air devant un spectacle censé consoler de l'agonie. Aujourd'hui, la tuberculose est éradiquée, mais les foules continuent à se presser dans le massif pour la beauté de la montagne magique. En ce début d'automne, la Californie s'apprête à vivre un cycle de sécheresse inédit dans l'histoire de la climatologie. Ici aussi, à Chamonix, il fait trop chaud. Bientôt on verra des varans de Komodo au col du Géant. Des orchidées géantes pousseront sur les Grandes Jorasses, on rouvrira les sanatoriums pour soigner le paludisme et il faudra remplacer les statues de la Vierge Marie sur les aiguilles de granit par des Bouddhas d'Angkor empruntés au musée Guimet.

Un soir, hantée par ces visions, notre escouade rentre d'une ascension des Petites Jorasses. Nous rencontrons le guide Georges Payot, figure de l'époque héroïque des années 1960. Il boit un verre de vin de Savoie à la buvette des Mottets et tourne bizarrement le dos au panorama ouvert sur la mer de Glace et l'aiguille des Drus dont il réalisa pourtant la première hivernale de la face nord.

— Pourquoi tournez-vous le dos à la montagne ? dis-je timidement.

— J'en ai marre, je ne veux plus la voir, c'est trop triste.

— Quoi ? Vos amis disparus ?

— Non, le glacier qui meurt.

✧

Les guides pleurent, le glacier fond, le soir tombe, le niveau du vin de Savoie baisse, c'est l'heure des aphorismes, je sors mon carnet :

Dîner d'alpinistes : survivants se retrouvant pour manger des choses mortes.

Se marier : trouver quelqu'un qui accepte de partager avec soi l'inconvénient de vivre à deux.

Falaise : la géographie est capable de trancher dans le vif.

Messe à l'église : pourquoi se priver du spectacle du ciel afin de lui adresser ses prières ?

Une femme méchante dort au soleil : lézarde-t-elle ou vipère-t-elle ?

À la fête foraine, on faisait sortir un diable de sa boîte ; aux élections, on fait jaillir un polichinelle de l'urne.

Est-ce grâce aux punaises que les feuilles tiennent aux arbres ?

L'humanité est la sueur de la Terre.

Si Hannah Arendt avait été affligée d'un mari ordinaire, elle aurait écrit *La Banalité du mâle*.

La différence entre les résistants kurdes et les migrants syriens ? Le gilet pare-balles contre le gilet de sauvetage.

« L'herbe est plus verte chez le voisin » était une expression d'avant la mondialisation. Après la mondialisation, on a peur que le voisin vienne camper dans son carré d'herbe.

AVEC LES LIVRES

Les Éditions Phébus publient la troublante corres-
pondance de deux suicidés magnifiques : Stefan Zweig
et Klaus Mann, fils de Thomas. D'un côté, Zweig règne
sur les lettres autrichiennes. De l'autre, Klaus Mann,
jeune homme exalté, presse son maître de s'engager
plus avant contre le nazisme naissant et l'interroge, le
houspille sur le sens de l'engagement. Cela urge !
s'échauffe Klaus Mann, il faut aller au combat ! Zweig
ne l'entend pas ainsi. Il veut se maintenir « au-dessus de
la mêlée ». Le vieil écrivain se réfère à son propre maître,
Érasme, et prétend que le rôle de l'artiste n'est pas
d'empoigner les armes ni de descendre dans la rue, mais
de nourrir une critique du totalitarisme en produisant
des chefs-d'œuvre. Trop se maintenir en retrait finira
par aveugler Zweig. Alors que les nazis du NSDAP rem-
portent leurs premiers succès électoraux en 1930,
Zweig, dégoûté par les renoncements de Weimar et les
médiocrités d'une époque, applaudit à ce qu'il prend
pour un réveil. Lui, le grand voyant désespéré, lui, le
psychologue de l'héroïsme qui écrira bientôt *Le Monde
d'hier,* trouve le moyen de considérer favorablement les
scores des nationaux-socialistes et de se féliciter de cette

« révolte de la jeunesse, révolte peut-être pas très habile mais finalement naturelle et tout à fait à encourager – contre la lenteur et l'indécision de la haute politique ». On croirait lire les errements d'un de ces islamo-gauchistes d'aujourd'hui qui (le génie en moins et la haine de soi en plus), quatre-vingts ans après Zweig, trouvent quelque légitimité à l'ardeur des fanatiques islamiques, s'enthousiasment pour le parti de l'islam, confondent la haine avec l'ardeur, la pulsion de mort avec l'énergie vitale, et justifient les dévoiements des djihadistes par les effets de l'injustice sociale. Klaus Mann se révolte et malmène Zweig dans une lettre : « Tout ce que fait la jeunesse ne montre pas la voie de l'avenir... je crains que votre sympathie pour la jeunesse en soi ne vous empêche de voir en quoi consiste cette révolte. » Plus loin : « Je ne veux absolument rien avoir à faire avec cette forme d'extrémisme... je répudie devant vous ma propre génération... je ne veux pas comprendre ces gens-là, je les rejette. » Ah ! quelle lettre Klaus Mann enverrait-il aujourd'hui à MM. Plenel, Todd et Roy ! Les objurgations du jeune Mann (aidé par les événements) dessilleront promptement les yeux à Zweig. À force d'avoir voulu se tenir dans sa noble tour, l'auteur de *La Pitié dangereuse* finira par la nostalgie, l'exil et le suicide. Ce qui a sa beauté, certes, mais manque d'efficacité pour lutter contre la peste.

AVEC LES SIENS

Un court voyage me mène dans la plaine de Ninive. On marche sur une poussière qui recouvre les visages, les corps et les ruines. C'est le vieux limon de Mésopotamie, la région « entre les fleuves » où les hommes ont été incroyablement inspirés en matière d'invention d'idoles et de chimères. Les zones chrétiennes viennent d'être libérées par l'armée irakienne à la périphérie de Mossoul. Une unité de combattants chrétiens assure la garde des villages reconquis sur les fanatiques islamistes. Les soldats replantent les croix, sonnent les cloches, fixent des chapelets sur leurs gilets pare-balles et rejouent les vieux gestes. Une mise en scène ? Certes. Mais après tout, à quoi d'autre la vie rime-t-elle qu'à une valse de symboles ? En Europe aussi, le *combat des symboles* a commencé, mais il tourne à l'aigre. Pendant que les habitants de Qaraqosh exultent de reboiser le sol avec les signes de leur héritage, nous nous excitons à démolir les symboles et débattons sur le maintien des crèches dans les lieux publics au nom d'une laïcité dont on ne sait plus très bien si elle consiste à séparer le temporel du spirituel ou à nourrir la critique du second par le premier.

AVEC LES BÊTES

Le WWF publie un rapport éprouvant pour les nerfs, désolant pour l'esprit, accablant pour l'homme, d'où il ressort qu'entre 1970 et 2012 58 % des effectifs d'espèces vertébrées ont disparu. On sait les raisons du recul : pression démographique, extension des zones urbaines, pollution des sols par l'agriculture intensive. On les connaît, on ne les enraye pas, on les déplore, on les oublie, on se chagrine un peu et l'on continue l'immense entreprise de salopage en règle à laquelle nous nous adonnons depuis la révolution néolithique. Les auteurs du rapport prédisent que la disparition pourrait atteindre 67 % en 2020 si nous n'agissons pas. Agira-t-on ? Non. Nous devrions pourtant ne nous préoccuper que de cela, travailler à « inverser la courbe » de la dévastation. Nous devrions mettre toutes nos forces dans cette réparation, y consacrer tout notre temps, toutes nos pensées. Car nous autres, les hommes, ne sommes pas menacés. Au contraire, notre espèce progresse diablement malgré son génie à orchestrer sa propre destruction. Bien sûr, nous ne contestons pas que les différences de programme économique entre MM. Hamon et Montebourg ou le retour de M. Peillon dans le jeu politique français sont des sujets d'importance absolue, planétaire sans doute – davantage que la grâce des salamandres ou la vulnérabilité des girafes (qui viennent de rejoindre les listes d'espèces en voie de disparition). Mais tout de même, la disparition programmée dans cinq ans des deux tiers des vertébrés de la surface de notre Terre pourrait-elle occuper quelques secondes du débat national…

Une bête est un dieu, c'est-à-dire l'incarnation d'un mystère. En croiser une est une jouvence, un tressaillement, un viatique que l'on serre au fond de sa mémoire et que l'on emporte en soi pour le reste des jours. À quoi sert le séjour sur Terre si l'on se prive de la puissance et de la gloire vivantes, si l'on s'économise de vénérer les formes de l'individuation biologique, si l'on supprime la mystérieuse héraldique de la faune, l'ornementation de la flore, l'art immémorial des constructions vivantes ? La vie aura-t-elle encore un sens dans un « entre-soi » d'humains ? Le photographe Vincent Munier, quarante ans, a compris qu'une rencontre avec une bête lui procurerait les plus beaux transpercements de l'être. Depuis des années, il court les horizons proches et sauvages – Vosges, terre d'Ellesmere, Kamtchatka, Abyssinie... –, se fond dans le substrat et attend pendant des semaines la survenue d'un animal, qu'il immortalise avec la science du naturaliste, l'intelligence de l'artiste et l'amitié éblouie d'un homme qui n'a pas placé ses semblables au sommet de la pyramide du vivant. Ses livres (*Solitudes*, *La Nuit du cerf*, *Au fil des songes*, publiés aux Éditions Kobalann) devraient être envoyés dans la prochaine sonde spatiale à destination des éventuels visiteurs extraterrestres, qui sauraient ainsi qu'ils arrivent trop tard dans un jardin anciennement enchanté.

AVEC LA LUNE

C'était au milieu de l'automne, mais l'événement est suffisamment rare et cosmiquement crucial pour que l'on y revienne. La Lune s'est approchée de la Terre il y a deux mois. Telle proximité est rare dans un seul siècle. Hélas ! en Île-de-France, la couche de nuages masquait la vue. Pour me consoler, je me plongeai comme beaucoup de Parisiens dans le *Précis de géomorphologie* de Max Derruau, dont la lecture enchanta mes années d'études de géographie et qui se termine par un chapitre consacré à la « topographie de la Lune ». Une carte révèle les toponymes attribués aux reliefs lunaires par un astronome italien du XVIIᵉ siècle. Il y a la *Mer de la Sérénité*, la *Mer de la*

Tranquillité, la *Mer de l'Ingénuité* et celle du *Nectar*...
On découvre par là que l'homme ne s'est pas encore
installé sur la Lune.

AVEC LES MOTS

Instruit par René Char qui proclamait qu'Héraclite
avait « clos le cycle de la modernité », tâchons d'être
moderne, c'est-à-dire bref et fragmenté.

La danse : conquête spatiale.

Il imite l'arbre au lieu d'en descendre. Le phasme a
bon goût.

Dieu unique, guerres multiples.

Vent violent : le ciel se pose des questions.

Pour nos microbes, nous sommes Dieu.

Il faudrait toujours mettre un point final à ses excla-
mations.

Se méfier des gens qui déplacent les foules : ils
feraient chavirer les bateaux.

Voter est tellement grotesque que les gens s'isolent
derrière des rideaux.

Quand on voit comment se comportent ses fidèles,
on est soulagé que Dieu soit unique.

Automne, l'homme piétine les feuilles qui l'ont
ombragé.

Tous les matins, face au miroir : le même, en moins bien.

Maquiller de grands mots ses petites pensées.

Cette odeur de putréfaction des choses à la mode.

Défraîchies, les mannequins arrivées au bout du podium sont contraintes de faire demi-tour.

La politique : transformer ses promesses en renoncements, tirer bilan de ses mensonges.

La mode : comment devenir ce qu'on n'est déjà plus.

Globalisation : prendre le monde pour sa chambre à coucher.

Le thé : boisson insipide qui permet de passer le temps nécessaire à commencer à l'apprécier.

Géopolitique : pleurer sur les cartes que les autres ont distribuées.

DÉCEMBRE 2016

Je passai quelques jours à Pékin, à l'aimable invitation des institutions culturelles françaises. Quelle noblesse chez ces diplomates ! Ils travaillent à la promotion de la langue et des lettres françaises auprès d'un public archi-minoritaire. Sur cinquante mille étudiants de l'Université de Pékin, seuls deux cents apprennent le français ! Ils ont bon goût, ces jeunes gens, de préférer la langue de Saint-John Perse à celle de Bill Gates, l'*Anabase* à la database.

✧

Dans un cahier en papier de riz (20 yuans au marché), je prends ces notes chinoises :

Cette époque où le voyage en Chine nécessite dix heures d'avion au lieu d'une passionnante (quoique mortelle) errance dans les sables de l'Asie centrale ou, mieux encore, de *Trois ans de lutte dans les déserts d'Asie*, selon l'expression de l'explorateur suédois Sven Hedin. À l'heure des Airbus, ce que l'on gagne en temps, on le perd en aventure, ce que l'on obtient en confort, on le brade en mystère. Allez donc écrire vos souvenirs après dix heures dans une carlingue !

✧

Le portrait de Mao s'affiche toujours à l'entrée de la Cité interdite, éclairé toute la nuit. Conseil à ceux qui votent aux élections républicaines françaises : se méfier des joufflus au sourire patelin, leur préférer les secs, osseux, grincheux.

Mao incarne le rêve de l'écrivain : son livre est obligatoire ; ceux qui ne le lisent pas sont punis ; tous les autres ouvrages sont interdits. Résultat : un milliard de lecteurs.

✧

La politique de l'enfant unique vient d'être supprimée en Chine. Désormais, chaque petit Chinois pourra partager avec un petit frère ou une petite sœur son désespoir de vivre dans un monde pollué à mort.

✧

Une traductrice chinoise : « On ne peut rien traduire sans empathie avec le livre. » Mais alors, les traducteurs du *Petit Livre rouge* ?

✧

Mao réprouvait le chant des oiseaux, nous raconte le poète-alpiniste et businessman Luo Ying, auteur du *Gène du garde rouge* (Gallimard). Des nuées de volatiles furent ainsi abattues pendant la Révolution culturelle.

Alain Badiou, vautour des vieilles lunes et perroquet des idéologies meurtrières, y échappa.

✧

Le même Luo Ying, à qui je demande pourquoi il est allé grimper trois fois l'Everest : « J'ai plus souffert sous la Révolution culturelle que je ne pourrai souffrir à 8 000 mètres. » Une bonne raison.

✧

Quand un Chinois regarde notre alphabet de vingt-six lettres, il doit penser qu'il s'agit d'un système de transcription de grognements.

✧

« L'incertain est un bon milieu ambiant », me dit cette libraire bouddhiste de Pékin. Une phrase à la Michel Déon (qui vient de franchir la porte de Jade des jardins éternels).

✧

Ce panonceau : « Cité interdite : horaires d'ouverture ».

✧

Quelques vivants : Hao Liang peint des montagnes où des nuages Art déco s'enroulent sur des falaises vaporeuses. Wang Haiyang réalise des films d'animation rappelant les dessins de Topor, sur le thème de l'impermanence, de la métamorphose, du devenir et du retour. Shu Cai, poète, traducteur d'Antonin

Artaud et de René Char, me dit : « Vous avez vécu dans une cabane ? C'est un bon véhicule... » Sun Ruoxi, vingt-huit ans, journaliste, a survécu miraculeusement au SRAS. Elle m'emmène visiter un marché en plein air et me dit : « On échappe à la mort, on revient chez les vivants, tout le monde pense que vous avez changé et gagné en sagesse. Il n'en est rien : on revient comme avant. On a fait un voyage pour rien ! »

✧

Au marché, les fruits ont l'air d'oursins, les tubercules de hérissons, les racines se tordent, les rhizomes convulsent, même les légumes semblent souffrir.

✧

Parfois, on croise un regard dans la rue, mais c'est rare : les yeux consultent les écrans en permanence. Saint-John Perse dans son discours du Nobel a dit : « Le poète existait dans l'homme des cavernes, il existera toujours dans l'homme des âges atomiques. » Il avait raison. Il y a eu des poètes qui ont décrit la guerre, la vitesse, le choc des mondes, le futurisme, le fracas technique : Blaise Cendrars, Drieu La Rochelle, Gérard Chaliand, André Velter. Mais Saint-John Perse n'avait pas prévu l'ère numérique. Celle-là va peut-être vraiment venir à bout de la poésie.

✧

Occupations ordinaires à Pékin : calligraphie à l'encre effaçable, combat de grillons dans une cage miniature, croisement génétique de poissons rouges, élevage de pigeons apprivoisés aux pattes desquels on accroche un sifflet : cette impression, parfois, que les Chinois s'ennuient.

✧

« Révolution culturelle » devrait être un pléonasme.

✧

Alain Peyrefitte avait raison, la Chine s'est réveillée. Les Européens ne se sont pas encore aperçus qu'ils étaient au menu du petit déjeuner.

✧

C'est la fin du voyage. Dans l'avion du retour, par-dessus les collines de Mandchourie, soyons encore un peu chinois et tâchons de convertir quelques vagues pensées en mots parcimonieux :

Apparition de l'homme sur la Terre : l'Évolution déterre la hache de guerre.

La Terre : points de suspension dans la ponctuation du néant.

Même l'aphorisme lasse.

Mentir : voler au secours de la réalité.

La pollution : haleine des masses.

Regarder la télé comme si le monde s'était éteint.

L'homme ne sera plus un jour qu'un souvenir terrifiant.

Nous avons même perdu la liste des espèces en voie de disparition.

La mythologie : ce qu'aurait dû être le monde si Dieu avait été poète.

La montagne, redressement productif de la plaine.

Pas de cosmétique sur mon visage : le temps pourrait glisser sans laisser de traces.

Le dernier-né se croit unique : regardez Dieu.

AU BORD DE L'ABÎME

Le crochet que j'ai fait en Aragon, au sud des Pyrénées, sur le versant espagnol, m'a procuré une bonne expérience de la vie au bord des parapets, et de ce que l'on peut en attendre. Au-dessus du village de Los Riglos de Mallos, d'immenses tours de galets alluviaux, hautes de 300 mètres, ferment la vallée, appuyées à des versants forestiers. Elles projettent de grandes ombres tristes sur les campagnes piquetées d'oliviers. Quand on approche du vide, et pour peu qu'on ne le craigne pas, on pourra se souvenir de cette phrase d'Erri De Luca (dans *Le Plus et le Moins*) : « IL EST DANGEREUX DE SE PENCHER AU-DEHORS, dit l'écriteau officiel des temps modernes. Il est nécessaire de le faire. » Les maisons du village, au pied des hautes murailles, ont été construites avec les matériaux écroulés. L'homme passe ainsi sa vie à ramasser avec soin ce que l'érosion détruit. Ensuite, il construit des demeures. Il les imagine éternelles parce qu'elles durent le temps d'une ou deux générations. Les galets de ces falaises ont été roulés dans les fleuves immémoriaux et cimentés pendant des millions d'années dans les dépôts sédimentaires. Aujourd'hui, les vautours nichent dans les faces et les escaladeurs du monde entier y grimpent. Les premiers regardent les seconds bizarrement – avec des arrière-pensées, sans doute. Sur leur aire de nidification, les vautours ont l'air d'une assemblée de vieux messieurs voûtés et résignés, observant le monde, avec des crânes d'énarques. Les énarques ont le toupet déplumé à cause de la fatigue. Les vautours, pour pouvoir se tremper la tête dans des festins de sang sans se salir. Avec un camarade, je me lance dans l'ascension de l'une de ces parois. Quand on s'approche des vautours, ils décollent dans un froissement d'ailes et nous frôlent, scrutateurs. Attendent-ils le moment où nous basculerons dans le vide, espérant que la corde se rompe, pour se venger en festoyant du dérangement que nous leur causons ?

LE VIDE SOUS LES PIEDS

Quand on vous offre l'occasion de rejoindre Bangui, capitale de la Centrafrique, à bord d'un avion-cargo russe Iliouchine 76, gloire aéronautique soviétique des années 1980, il faudrait diablement manquer de sens poétique pour refuser. Ou bien avoir un sens de la conservation de soi-même trop développé. Je me retrouve ainsi prêt à l'embarquement sur le tarmac d'une capitale de l'ex-URSS, devant l'un de ces avions avec ses ailes voûtées vers le sol et l'air d'un grand albatros découragé. À bord, les conditions de vol sont magnifiquement supportables. Nous sommes installés dans la soute au milieu du matériel, libres de tout mouvement. Pas de ceinture à attacher. Pas de consignes. Pas de voyants. Pas d'hôtesses et nul cours de bonne conduite qu'on vous assène au micro. Dans les postes de navigation et de pilotage, il n'y a pas d'écrans : tout se calcule au cadran, à la carte et à la règle. L'équipage russe et azéri n'interdit pas que l'on fume. Chacun s'octroie même une petite lampée de gnôle. Bref, c'est l'aéronautique du temps où les avions n'étaient pas pilotés par des ordinateurs ni les compagnies aériennes dirigées par des banquiers. L'Iliouchine 76 possède en outre une bulle de verre aménagée sous la carlingue pour que le navigateur puisse vérifier ses calculs en regardant par la fenêtre. Je passe le vol dans cette nacelle de verre à contempler la terre sous mes pieds : mer Noire, Turquie, Méditerranée. Soudain, le Nil. Le fleuve est ruban. Un ruban qui n'entoure pas le cadeau mais qui est le cadeau. Je ne l'aurai ainsi contemplé ni à bord d'une felouque, ni sur le dos d'un chameau au milieu d'une caravane pharaonique, ni d'un cheval dans une colonne romaine, mais assis sur les vitrages d'un cockpit d'Iliouchine 76. On ne choisit pas son époque. Puis c'est le Soudan, et les troupeaux d'immenses cumulonimbus. « Tutoyer les nuages » est une expression idiote. Ils sont si beaux et si puissants qu'on éprouve pour eux le respect et l'envie de les vouvoyer. On descend, on crève la couche et la forêt vierge se jette sous la carlingue, là où vivent bêtes, hommes et dieux.

À BANGUI

Quelques heures à terre pour rafler des visions. À Bangui, les commerçants affublent leurs échoppes de noms baroques. Une pharmacie : « Jamais trop tard ». Un bistrot : « Ne m'embête pas ». Un réparateur d'ordinateurs : « Bonté informatique ». Les chutes d'eau de Boali, à 60 kilomètres au nord de la capitale, sont comme cinq mini-Niagara barattant une eau turbide qui rafraîchit des lézards à tête jaune et humidifie les cigares des humanitaires venus en goguette. Sur le fleuve Oubangui, devant le Congo, les piroguiers remontent le courant lentement, à gestes nobles. Sur la place de la ville, une statue et cette inscription : « Le travail, seule voie vers le développement. » Pour voir cela, dix heures d'Iliouchine ne sont pas du vol.

DANS L'AVION DU RETOUR

« Sagesse prédigérée » : ainsi Ambrose Bierce décrivait-il « l'aphorisme » dans son *Dictionnaire du Diable* (ce qui ne l'empêcha pas d'en aligner des centaines). Fi de Bierce ! Voici quelques aphorismes, digérés entre les falaises aragonaises et les Iliouchine russes.

Universalisme : théorie visant à proclamer que l'Autre doit me ressembler.

Système présidentiel : cinq ans de campement luxueux pour se reposer d'une campagne.

Vautour : et il y en a encore qui croient que l'espoir vient du ciel.

La civilisation, c'est quand on a tout à perdre. La barbarie, c'est quand ils ont tout à gagner.

Un jour, on trouvera que les tweets étaient incroyablement longs, qu'ils avaient quelque chose de proustien.

Internet : le Verbe s'est fait chiant.

Ève ne se doutait pas qu'ensuite ce serait à elle de faire la compote.

Tribunal islamique : pléonasme.

L'homme devant la nature dévastée : « C'est elle qui a commencé ! »

L'enfant prodigue : le revenu universel.

Homère, notre père.

Ennui : reflet d'un miroir où je n'apparais pas.

Aphorisme : faire pardonner par la brièveté de sa formulation l'inconsistance d'un propos.

Dire chaque jour des choses importantes : renouveler le définitif.

Une fois libéré de la dictature politique et cléricale, l'homme inventa les nouvelles technologies.

Avion : une planète globalisée mérite-t-elle autre chose qu'un survol ?

RETOUR EN FRANCE

La France aujourd'hui : une profusion de créations artistiques. Un dispositif d'accès à la culture pour un prix modique. Un débat intellectuel ouvert. Un climat tempéré. La paix. L'intégralité du patrimoine littéraire de l'humanité accessible en livres de poche. Une nature parfois préservée. Le droit à la création d'associations. Une école gratuite. Des montagnes où grimper librement, des océans où nager sereinement, des forêts où s'enfoncer sans péril, partout des chemins libres d'accès. Partout, l'eau potable. Pas de fauves, peu de bandes tribales. Et, pourtant, des esprits chagrins pour seriner sans cesse qu'il est épouvantable de laisser vivre la jeunesse dans pareille société qui ne lui laisse rien espérer.

POUR LA CAMPAGNE

En citoyen responsable, je soumets à l'attention de mes compatriotes cinq nouvelles propositions pour prolonger l'idée du revenu universel :

La singularité pour tous.

Le développement personnel universel.

Le vent dans le dos pour tous (pour lutter contre le déplorable exemple de discrimination du Vendée Globe).

Le mariage (réussi) pour tous.

Le coupe-file pour tous.

L'USAGE DU MOT

« Ce sont des nihilistes ! » Voilà ce que l'on entend *ad nauseam* dans la bouche des observateurs commentant les carnages des islamistes. Tout de même, c'est faire beaucoup d'honneur à des incultes drogués au Captagon, farcis de haine, gonflés de lâcheté et d'amour d'eux-mêmes, abrutis par le Net et la lecture d'un seul livre, excités par des prédicateurs ambitieux, assoiffés de gloire médiatique et abusés par des promesses vénales, que de les associer au nihilisme, cette doctrine philosophique pessimiste et naturaliste, traversée de tourments intérieurs, inventée par les Russes au XIXe siècle et défendue par le Bazaroff de Tourgueniev qui, dans *Pères et fils*, trouve que « la superstition la plus crasse nous étouffe ». Nietzsche distinguait une version « active » du nihilisme d'une version « fatiguée », incapable de s'attaquer à quoi que ce soit. L'anarchiste Pierre Kropotkine, dans ses *Mémoires*, décrit ainsi la figure du nihiliste : il « refusait de se plier devant toute autre autorité que la raison... il rompit naturellement avec les superstitions de ses pères... il désirait trouver dans la femme une camarade, une personnalité humaine... ». Et Nicolas Berdiaev dans *Les Sources et le sens du communisme russe* voit le nihilisme comme « une révolte indignée contre la décadence de l'orthodoxie, la dispersion de l'être spirituel, l'obscurantisme où croupissait l'enseignement du religieux ». Spectateur des horreurs du djihad, trouvez-vous vraiment que ces hautes définitions correspondent aux portraits des égorgeurs avides de récompenses ?

LAISSEZ-LES PASSER

Dans ses « Conseils au bon voyageur » (dans *Stèles*), Segalen n'y va pas par quatre chemins : « Garde bien d'élire un asile. » Plus loin : « Ainsi, sans arrêt ni faux pas [...], tu parviendras [...] aux remous pleins d'ivresses du grand fleuve Diversité. » D'accord, Victor ! je comprends votre envie de plonger dans les courants impétueux pour dériver jusqu'aux deltas pleins de promesses. Mais à force d'avoir descendu des fleuves (pas toujours *impassibles*), j'ai découvert un autre usage du cours d'eau : surtout n'y point plonger ! Se tenir immobile sur sa rive et s'hypnotiser devant son courant, en laissant divaguer regard et pensées.

Faire halte au bord d'un cours d'eau consiste à se tenir dans une voie médiane et fort digne : ne pas prétendre le remonter, ne pas s'abaisser à le suivre. En d'autres termes, se refuser à toute bravade de contre-flux et éviter de s'oublier dans le courant dominant. On s'épargnera ainsi l'alternative du saumon frénétique et du rhizome déprimant (l'image du rhizome vient d'être filée par Peter Sloterdijk dans *Après nous le déluge* pour désigner nos « sociétés bâtardes » sans racines et sans pères à la dérive dans les marais du renoncement).

Assis au bord d'un fleuve, muni de tabac blond, d'un petit livre et d'un flacon de vin sec, on s'offrira à bon compte un spectacle envoûtant et une source iné-puisable de méditation.

Je suis resté des heures sur la rive droite du fleuve Oubangui en Centrafrique. En face, le Congo bruissait lugubrement. Le soleil descendait et le ballet dolent des piroguiers faisait oublier que la guerre avait fait rage, quelques mois plus tôt : un fleuve emporte tout. Au bord de l'Angara, à Irkoutsk, des vapeurs de brume froide dansaient au-dessus du courant et leurs convul-sions donnaient au paysage un aspect incertain – le monde était en sursis. Les eaux de l'Amou-Daria que je fixais depuis la rive tadjike descendaient à gros bouillons, charriant la puissance et la gloire de la terre du Pamir. On savait qu'elles n'arriveraient jamais à destination – la mer d'Aral –, pompées sur le chemin par les programmes d'irrigation, et c'était grande pitié de contempler cette énergie dont on pressentait l'ago-nie. Au bord de la Yamuna, en Inde, je contemplais les miroitements du ciel quand un cadavre flottant passa au milieu du fleuve. Un corbeau était juché sur le ventre gonflé et y donnait de temps en temps un coup de bec. Les fleuves sont des autoroutes funèbres. Ils transportent les débris de l'érosion et les particules mortes vers la grande lessiveuse de l'océan. Devant le Bosphore (qui n'est pas un fleuve, mais un goulet), c'était un autre spectacle : la valse épileptique des ferries, des cargos, des barques et des patrouilleurs produisait une agitation superbe, terrifiante, découra-geante, moderne en somme. Parfois, en pleine capitale, au bord du Tibre à Rome, de la Seine à Paris, de la Neva à Saint-Pétersbourg, les berges, comme des saignées sauvages, offrent la seule chance de rencontrer une bête, une herbe folle, de s'abandonner quelques instants et de se reposer de l'artifice monstrueux de la ville.

« L'homme n'a point de port, le temps n'a point de rive ; il coule, et nous passons ! » mélancolisait Lamartine devant son lac. Mais s'il s'était tenu au bord de l'eau en mouvement – Orénoque, Loire ou Tamise – et non de l'eau en *plan*, il aurait trouvé qu'il y avait là, sinon un « port », du moins un poste d'inspiration, un laboratoire poétique, où toute envie de se déplacer s'évanouit puisque le fleuve le fait à votre place.

MARQUER UN LIEU

C'était dans les temps préhistoriques, « préadamiques », disent les théologiens. L'homme n'avait pas encore initié son entreprise d'asservissement du monde (cela, les ecclésiastiques ne le disent pas). Au miocène, la terre était un laboratoire sauvage, bruissant de vie et de menace, où *Homo erectus* s'employait à durer. Il croisait dans la savane, la forêt, la steppe aride. Il poussait ses feux, foulait pour la première fois le sol de certains territoires. On a retrouvé des traces de ses pas fossilisées dans un désert d'Érythrée. L'empreinte d'un hominidé est un aussi « grand pas pour l'humanité » que celle de Neil Armstrong sur le sol lunaire en juillet 1969. Notre ancêtre bipède, bien qu'il eût à essuyer les plâtres de la vie sur terre, passa sans presque laisser de trace. C'est là sa noblesse.

J'ai le sentiment que l'empressement des enfants à souiller un beau carré de neige blanche dans un jardin matinal est le lointain écho de ces temps où il était commun de fouler pour la première fois un arpent de la terre. Marquer le sol, laisser la trace : sont-ce là des penchants enfouis dans le cerveau profond ?

Qui peut s'offrir ce luxe au siècle 21 d'effleurer un endroit intouché ? Qui éprouvera ce tressaillement, ce saisissement glorieux d'imprimer son passage sur une surface préservée ? Qui ? Sur les océans, pas le moindre îlot où un humain n'ait déjà débarqué… Sur les continents, toute la boue du monde a été foulée, l'intégralité du territoire explorée, exploitée. Huit milliards d'humains ne commencent-ils pas aujourd'hui à trouver que la place manque ?

Pas si vite ! Les alpinistes et les spéléologues connaissent encore le privilège du déflorement géographique. Dans les montagnes du Pamir, dans le Kunlun chinois, sous les plateaux calcaires de la Patagonie, il y a encore des sommets ou des gouffres inconnus. Chaque année un « conquérant de l'inutile » se hisse sur un pic intact, découvre une grotte.

Une fois là-haut, une fois en bas, ces athlètes éprouvent-ils un sentiment religieux ? Certains ont la fibre spirituelle, ils savent qu'ils rejouent la geste des premiers hominidés, posant le pied sur des lieux inviolés. D'autres n'ont pas le temps de rêvasser à la portée philosophique de leur conquête : il leur faut redescendre vite avant la tempête. D'autres désacralisent à dessein le moment, en allumant une cigarette comme André Vialatte, en 1955, au sommet du Makalu.

D'autres encore ne pensent qu'à la photographie, au drapeau, à la gloire immédiate. Et puis il y a ceux qui sont déçus, car ils découvrent sur le sommet qu'ils imaginaient vierge un objet laissé par un prédécesseur. Werner Herzog avait fait de cette déconvenue le thème de son film *Cerro Torre*.

Il me fut donné une fois dans ma vie d'éprouver ce sentiment préadamique. C'était au Yémen, sur l'île de Socotra, au bord de la mer d'Oman. J'étais le second de cordée d'un guide de montagne. Nous ouvrions une voie sur une falaise vierge. Nous grimpions jour et nuit et, soudain, nous gagnâmes à mi-paroi une terrasse plane, suspendue au-dessus de la mer. Au-dessus de nos têtes, il y avait encore 200 mètres à grimper. Nous fîmes halte sur le replat, environnés de vide. L'endroit était recouvert d'une nappe de sable blanc, pur, c'était une nacelle de roche flottant dans l'inaccessible. Les murmures du ressac montaient dans l'air. Personne n'avait pu grimper ni descendre ici avant nous. Sur ce sable que rien d'humain n'avait effleuré, je fis le geste rituel et déposai l'empreinte de ma main. Puis je me dis que Narcisse après s'être regardé dans un reflet avait peut-être appliqué sa paume dans le sable.

J'effaçai tout et nous repartîmes vers le sommet.

LE GÉNIE DES LIEUX :
LIEUX-DITS ET LIEUX MAUDITS

Où vont les morts ? Voltigent-ils autour de nous ? Ferment-ils à jamais le caveau pour se dissoudre dans le néant ? Se réfugient-ils au-dedans de nos âmes, comme le croyait la danseuse Isadora Duncan, quand elle perdit ses petits enfants ? La question est banale comme toutes les questions éternelles. Chacun se la pose, personne ne sait rien. Une chose est certaine, les morts hantent les lieux où ils ont vécu comme si, par un principe d'infusion, leur souvenir imprégnait le sol. « Un sanglot rôde et court par-delà l'horizon », écrivait Charles Péguy dans la *Présentation de la Beauce à Notre-Dame de Chartres*. On fera aisément la constatation de la percolation des morts sur un champ de bataille (un boqueteau, un chaume ou un labour). En pareils lieux, la géographie semble émettre un rayonnement funèbre, une pulsation de requiem.

Pour les vivants, la tragédie consiste à demeurer dans une maison après la disparition des êtres qu'ils ont aimés. Sera-t-il possible pour eux de rester ? Les murs sont hantés par la mémoire. Les fantômes rôdent. Des voix chuchotent. La folie guette. Il faut fuir. C'est ce que fit Isadora Duncan qui gagna l'Albanie, la Grèce puis se débarrassa de sa maison de Neuilly pour ne pas s'effondrer entre les pierres qui exsudaient le souvenir de la grâce des petits êtres morts. Victor Hugo, en exil à Jersey, ne supporta pas l'absence intrusive de Léopoldine, sa fille, noyée onze ans plus tôt : « Il me semblait... que je l'entendais rire en la chambre à côté / Car elle est quelque part dans la maison sans doute. » Les lieux sont le conservatoire des défuntes années.

Sous les sanatoriums du plateau d'Assy, j'ai séjourné récemment dans une cabane de bois postée en plein alpage devant le massif du Mont-Blanc. Le fils des propriétaires avait dévissé sur l'arête glacée de l'aiguille de Bionassay. La montagne dressait son sommet dans le ciel, immaculé, sublime, exactement dans l'axe de la terrasse de la bicoque. L'aiguille fichait sa pointe dans le ciel en même temps que dans le cœur des parents. Elle incarnait ce que la géographie possède d'obscène quand elle brandit sa vigueur éternelle après avoir raflé une pauvre vie d'homme. Et les parents, ne souffrant plus de vivre devant le décor du malheur, vendirent leur maisonnette.

Mais j'ai aussi rencontré des hommes qui n'avaient pas pu s'en aller. Et qui vivaient jour après jour sur la scène de leur tragédie. Je me souviens d'un pêcheur du lac Baïkal, dont je n'avais jamais compris pourquoi il passait des heures à regarder le lac, par la fenêtre, sans dire un mot, sans esquisser un mouvement, jusqu'au jour où j'appris que son fils s'était noyé là, à portée de voix, à portée de regard, sans que personne ne pût rien d'autre pour lui qu'assister à son naufrage. Et que dire de ces résistants kurdes de Syrie qui combattent les fanatiques islamiques et qui, d'après l'écrivain Patrice Franceschi, inscrivent « Nous ne migrerons pas » sur les décombres de leurs maisons, préférant lutter pied à pied dans les ruines et côtoyer les fantômes de leurs familles massacrées plutôt que de demander réparation à la distance.

Fuir semble le premier baume quand le malheur s'abat quelque part. « N'importe où, n'importe où », comme le fait vagir Baudelaire à son âme. Mais, quand on ne trouve pas le moyen de s'en aller ou qu'on ne se le donne pas ou que l'on choisit la *lutte avec l'ange*, reste à trouver le courage d'un face-à-face avec un environnement devenu la toile de fond de l'infortune. Un face-à-face avec un génie du lieu métamorphosé en cerbère du chagrin.

TABLE

Reproduit et achevé d'imprimer
par la Nouvelle Imprimerie Laballery
à Clamecy
en juin 2017.
Dépôt légal: mai 2017.
Numéro d'imprimeur: 706106.

ISBN 978-2-84990-495-4 / Imprimé en France.